IM WÜRGEGRIFF DES SCHWARZEN FROSTES

HANS PETERSEN

Im Würgegriff
des Schwarzen Frostes

und andere Stories
aus der Hochseefischerei

Verlag H. M. Hauschild GmbH, Bremen

Für den Arbeitskreis Geschichte der deutschen Hochseefischerei
in Zusammenarbeit mit dem
Deutschen Schiffahrtsmuseum, Bremerhaven,
herausgegeben von Ingo Heidbrink

© 2000 Deutsches Schiffahrtsmuseum, Bremerhaven
Verlag H. M. Hauschild GmbH, Bremen
Gesamtherstellung: H. M. Hauschild GmbH, Bremen

ISBN 3-89757-060-2

Inhalt

Vorwort	7
Wer kennt nicht Peter Fock	11
Bittersalz	15
Eine wundersame Heilung	20
Im Würgegriff des Schwarzen Frostes	27
Heringsverkostung im Nordmeer oder: Die verlorene Zahnprothese	36
Bei Lulus schönen Töchtern	42
Moritz mit der Ballonmütze	51
Der Fall „Arizona" oder: Baby-Boom bei den Färöern	58
Von Seelöwen und Seehechten	63
Saison auf Saint-Pierre	67
Kanonendonner auf Sveinsgrund	75
Brackermann kauft auf See einen Fernseher	88
Irrflug in der Wüste Namib	93
Die vermasselte Silberhochzeit	97
Der Arbeitskreis Geschichte der deutschen Hochseefischerei	102

Vorwort

> Wo Fisch ist, gedeihen Legenden
> (Johannes Rana)

Seemannsgeschichten, wer denkt dabei nicht zuerst an mehr oder minder knurrige Originale, die in einer Hafenkneipe ein Garn spinnen, bei dem sich Planken und Balken biegen. Seemannsgeschichten sind aber auch Erlebnisse, die der tatsächliche Alltag geschrieben hat, und die sind oft nicht weniger spannend und unterhaltsam.

Die deutsche Hochseefischerei fischte seit der Indienststellung ihres ersten Fischdampfers im Jahre 1885 auf nahezu allen Fangplätzen der Weltmeere. Die Gewässer unter Grönland und Labrador oder zwischen Island und der Bäreninsel waren für die Besatzungen der Seiten- und Heckfänger ebenso Heimat wie die Fischereihäfen an Weser, Elbe und Warnow. Selbst auf dem La Plata-Schelf und im antarktischen Randmeer fischten diese Schiffe mehr als einmal. Nur mit der vielbeschworenen Seefahrtsromantik hatte die Hochseefischerei nahezu nie etwas gemeinsam. Liegezeiten in ausländischen Häfen gehörten nur dann zum Alltag der Hochseefischerei, wenn die Schiffe durch Unfälle oder Defekte gezwungen wurden, einen Hafen anzulaufen. Auch in diesen Fällen waren es zumeist nicht die Häfen mit den wohlklingenden Namen in Südostasien, Südamerika und Afrika oder die Metropolen Nordamerikas, sondern kleine unscheinbare Fischereihäfen wie Godthåb auf Grönland, Torshavn auf den Faröern, Harstad in Norwegen oder das auf einer Insel vor Neufundland gelegene St. Pierre, die für einen kurzen Werftaufenthalt, das Absetzen eines Verletzten, die Ergänzung der Bordvorräte oder das Umlöschen der Fänge angelaufen wurden. Fischereifahrzeuge gehörten auf See, auf die Fangplätze, nur hier konnten sie ihr Geld verdienen. Die auf einem Fabrikschiff oft Monate andauernde Zeit auf dem Fangplatz mit ihrem harten und auch monotonen Arbeitsalltag und die ewige Hektik auf den Frischfischfängern im Kampf gegen den Verderb des Fanges bildeten den Hintergrund, vor dem sich die hier gesammelten Geschichten ereigneten.

Mit einem besonderen Gespür für jede Abweichung vom regulären Alltag und dem Interesse, sich die Zeit auf See etwas menschlicher zu gestalten, registrierten die Hochseefischer die außergewöhnlichen Ereignisse bzw. inszenierten sie freiwillig oder unfreiwillig.

Geschichte und Geschichten gehören meist enger zusammen, als es der interessierte Laie vermutet oder der Wissenschaftler wahrhaben möchte. Für den Zeitzeugen sind sie dagegen stets auf das engste verwoben. So waren es gerade die besonderen Ereignisse und nicht der alltägliche Tagesablauf, die in der Erinnerung dauerhaften Bestand erlangten.

Als sich am Anfang des Jahres 1997 der Arbeitskreis Geschichte der deutschen Hochseefischerei am Deutschen Schiffahrtsmuseum, Bremerhaven, gründete, zeigte sich schnell, daß unabhängig vom jeweils bearbeiteten Thema stets eine große Zahl außergewöhnlicher Erlebnisse thematisiert wurde. Obwohl der Arbeitskreis ursprünglich mit dem Ziel gegründet wurde, mit der Methode der ‚Oral history' neue Quellen für die historische Forschung zur jüngeren Geschichte der deutschen Hochseefischerei zu erschließen, waren sich alle Beteiligten schnell darüber einig, daß dies nicht das alleinige Ziel sein konnte. Es galt nicht nur die Erfahrungen der ehemaligen Hochseefischer und Beschäftigten der Fischindustrie vor dem Vergessen zu bewahren, sondern sie auch neben der wissenschaftlichen Forschung einem breiten interessierten Publikum zugängig zu machen. Hierfür erschienen die außergewöhnlichen, jedoch authentischen Ereignisse aus dem Bordalltag geeignet wie kein anderer Bereich.

Im Zeitraum von 1997 bis 1999 entstand so die vorliegende Veröffentlichung, die zwei scheinbar unvereinbare Pole zusammenführt. Einerseits ist es eine wissenschaftliche Quellenedition zum Alltag der deutschen Hochseefischerei, und andererseits ist es ein Buch mit hohem Unterhaltungswert. Diese Kombination unterscheidet es von nahezu allen anderen publizierten Seemannsgeschichten. Auch wenn vieles für den Leser wie ein gut gesponnenes Garn klingen mag, die Erlebnisse haben tatsächlich stattgefunden. Den Ausgangspunkt der Geschichten bildete zumeist die Erzählung eines Beteiligten, doch dann verblieb es nicht beim bloßen Niederschreiben, sondern es begann die eigentliche Arbeit. Zunächst wurde versucht, weitere Beteiligte zu ermitteln und deren Erinnerungen mit denen des Hauptinformanten abzugleichen. Archivalien des Deutschen Schiffahrtsmuseums und anderer Institutionen ergänzten das so entstandene Bild schließlich ebenso wie zeitgenössische Presseberichte. Zuletzt mußten die Ereignisse noch in eine Form gebracht werden, die nicht nur dem Anspruch nüchterner Wissenschaft genügte, sondern auch ihrem erzählten Charakter entsprach. Die eigentlichen Gewährsleute, die Hochseefischer, sagten dazu am Anfang des Projektes: „Erzählen können wir schon, wie der Alltag war und was wir erlebt haben, nur schreiben muß das wer anders, wir sind nur Fischerslüüd." Angesichts der Tatsache, daß ein großer Teil von ihnen über Jahre erfolgreich die größten Fabriktrawler der deutschen Hochseefischerei als Kapitän geführt und so nicht nur einen schwimmenden Industriebetrieb mit bis zu 100 Beschäftigten gemanagt, sondern auch oft genug die Reederei in komplizierten internationalen Verhandlungen vertreten hatte, war dies mit Sicherheit eher eine Untertreibung. Aber mit Hans Petersen fand sich ein „Ghostwriter", der es nicht nur schaffte, den Geschichten den letzten sprachlichen Schliff zu geben, sondern der vor allem akribisch die zugehörigen schriftlichen

Quellen aufspürte, zusätzliche Zeitzeugen ausfindig machte und somit die Authentizität des Geschehenen gewährleistete. Ohne seine langjährige journalistische Erfahrung hätte dieses Buch mit Sicherheit nie in der vorliegenden Form entstehen können.

Ganz gleich, ob es sich um den Fernseherhandel auf hoher See, den Transport einer ausgewachsenen Robbe als unfreiwilliger Fahrgast an Bord eines Trawlers oder den Kampf mit dem ‚schwarzen Frost' handelt: Jeder der Erzählungen haftet zunächst etwas Unglaubhaftes an. Gerade das Wissen, daß sie sich jedoch trotzdem genau so ereignet haben, macht deshalb ihren besonderen Wert aus. Das Leben auf See gehört für die meisten Menschen zu den Bereichen, über die sie bestenfalls verschwommene Vorstellungen besitzen. Für den Alltag auf den Fischereifahrzeugen gilt dies erst recht, da er mit den stereotypen Bildern von heroischen Fischern nahezu keine Gemeinsamkeiten hat. Die meisten Leser kennen den Fisch nur noch als vierkantes Tiefkühlfilet, über dessen Herkunft man sich kaum Gedanken macht. Diese vierkanten Blöcke mußten jedoch in harter Arbeit gefangen und produziert werden. Eine ganze, vom Land nahezu vollständig isolierte Welt mit eigenen Gesetzen steht hinter jedem Fisch in der heimischen Küche. Das Buch versucht, einen kleinen Beitrag dazu zu leisten, diese Welt ins Bewußtsein zu rücken und vielleicht auch den Menschen, die zu dieser Welt gehören, ein Denkmal zu setzen. Zu oft gilt der Hochseefischer noch als Seemann zweiter Klasse, der schlimmstenfalls Stammkunde in fragwürdigen Kneipen der Hafenviertel ist. Sein wahres Gesicht zeigte er jedoch stets auf See, hier war seine eigentliche Heimat, und hier spielten sich die Ereignisse ab, die seine Welt ausmachten.

Die ständige gegenseitige Konkurrenz der Fischdampfer sorgte jedoch auch dafür, daß in dieser Welt oft genug fragwürdige Mitteilungen weitergegeben wurden. Die Fangmeldungen einzelner Schiffe glichen oft im Vergleich mit den tatsächlichen Anlandungsmengen wahren Märchen. So meldeten einzelne Schiffe oft genug täglich nur minimale Fänge, waren aber bereits nach zehn Tagen mit vollem Fischraum wieder im Hafen. Wer einen guten Fangplatz gefunden hatte, wollte ihn schließlich nicht unbedingt mit der ganzen Konkurrenz des Nordatlantiks teilen. Das so entstandene gesunde Mißtrauen gegenüber allen Meldungen fremder Schiffe ermöglichte es jedoch auch, daß die hier geschilderten Erlebnisse im Arbeitskreis Geschichte der deutschen Hochseefischerei nicht einfach hingenommen, sondern erst nach sorgfältigem Abgleich aller Informationen und Quellen akzeptiert wurden.

Schließlich galt es jetzt, ein möglichst realistisches Bild der Hochseefischerei zu zeichnen und nicht die persönliche Fangleistung zu optimieren.

Die Erkenntnis eines anonymen Fischers über die Glaubwürdigkeit innerhalb der Branche zeigt vielleicht am besten den besonderen Wert dieser authentischen Berichte aus einer der ehemals bedeutendsten Branchen der maritimen Wirtschaft in Deutschland:

„Every fisherman is a liar except you and me – and I am not sure about you!"

Bremerhaven, im Mai 2000　　　　　　　　　　　　　　　　Ingo Heidbrink

Wer kennt nicht Peter Fock

Peter Fock stammte von Finkenwerder, geboren in einer Zeit, als auf der Insel in der Elbe noch ein richtiges Fischerdorf stand. Als Hochseefischer mit Patent kannte er sich in internationalen Gewässern aus. Sein Englisch jedoch war unbeschreiblich, unnachahmlich, dennoch auf gewisse Weise verständlich – mit einer ähnlichen Wortwahl, wie sie der Schriftsteller Rudolf Kinau, ebenfalls ein Finkenwerder Urgestein, in seiner Erzählung „Engelsch spoken" so treffend beschrieben hatte.
Auf Finkenwerder war Peter Fock ein bekannter Mann. Noch bekannter allerdings unter seinem Spitznamen Peter Ick. Den hatte er erhalten, weil er in seiner Jugend leicht stotterte und, wenn der Sprachfluß wieder einmal stockte, etwas räusperte, das sich wie „Ick Ick" anhörte. Seit 1922 fuhr Peter Fock als Fischdampferkapitän in Diensten der Reederei Andersen. Bestimmt zum Wohlgefallen des Reeders: Denn Fock spürte allemal die dicksten Heringsschwärme auf und kam mit seinen Fängen nicht nur an der Elbe, sondern auch in Grimsby und Aberdeen profitbringend an den Markt. Sein Schiff in der Inflationszeit und bis in die dreißiger Jahre hinein war die „Gisela", wie deren Schwester „Ursula", auf der sein Bruder Johann Fock das Sagen hatte, 1921 gebaut bei den Deutschen Werken in Kiel.

Fischdampfer in schwerer See. (Foto G. Hilgerdenaar)

Die Fangreise, auf der sich der Vorfall abspielte, über den zu berichten sein wird, muß sich etwa in den frühen Zwanzigern ereignet haben. Den ganz genauen Zeitpunkt kennt keiner mehr, nicht einmal die Familie, die im übrigen bestätigt: Ja, so hat es sich zugetragen. Und ob das Ganze, wie erzählt wird, südlich von Island geschah, auch dafür möchte niemand mehr die Schwurfinger hochheben. Es kann auch die mittlere Nordsee als „Tatort" in Betracht kommen. In einem Punkt sind sich die weit verzweigte Familie Fock, die älteren Kutterfischer ohnehin einig: Am Wahrheitsgehalt der Story gibt es nicht den geringsten Zweifel, exakt so und nicht anders hat sich alles abgespielt.

Ob Herbst, Winter oder Frühjahr – wie ergiebig die Fänge just um betreffende Jahreszeit auch immer waren, wußte Peter Fock noch nicht, als er mit der „Gisela" auf dem Fangplatz eintraf. Aber man konnte ja mal einen fragen, der sich besser auskannte, notfalls auch einen Engländer. Zumal wenn man wie Peter Fock das unter Seeleuten gebräuchliche Alltagsenglisch so grandios beherrschte.

Zur Beschreibung der damaligen Situation sollte der Leser zweierlei freundlich zur Kenntnis nehmen oder – wenn er bereits gesetzteren Alters ist – in die Erinnerung zurückrufen. Zum einen mochten englische Fischersleute, Insulaner wie die Finkenwerder und ohnehin von einem starken Nationalbewußtsein geprägt, ein paar Jahre nach dem Ersten Weltkrieg womöglich noch nicht geneigt sein, mit den Feinden von vorgestern, mit deutschen Hochseefischern, kollegiale, gar freundschaftliche Kontakte zu pflegen. Umgekehrt hatte Peter Fock solche Vorbehalte ganz und gar nicht, und – arglos, wie er war – er vermutete sie daher auch nicht auf der Gegenseite, wie sich aus seinem Verhalten ableiten läßt. Peter Ick war eben von seinem Naturell her bereit, mit jedermann zu jeder Zeit auf jedem Fangplatz gesellige oder fachliche Gespräche zu führen, warum nicht auch mit einem Englischmann. Hauptsache, der andere hatte für ihn gute Tips parat.

Zu solchen Unterhaltungen bedurfte es allerdings einer gewissen Stimmgewalt, die Entfernungen von zwanzig, dreißig und mehr Metern überwinden half und den ewigen Geräuschpegel der See und des Windes übertönen konnte, und die hatte Kaptein Ick. Funkgeräte waren dazumal auf Fischdampfern noch nicht installiert, die leicht zu bedienenden und späterhin bei den Kapitänen, die gern einmal mit Kollegen tratschten, so beliebten Ukw-Anlagen befanden sich noch nicht einmal am Anfang ihrer Entwicklung. Selbst an Morsen war nicht zu denken, zumal ein Funker noch bei keinem Fischdampfer auf der Musterrolle stand.

Peter Fock konnte sich, wie erwähnt, zumindest auf sein Organ verlassen, und er setzte es sogleich in Verbindung mit seinem eigenwilligen Spezialenglisch ein, als ihm auf dem Fangplatz ein englischer Trawler begegnete,

dessen Besatzung justament einen prall gefüllten Büdel an Deck hievte. Vorsichtig pirschte sich Fock mit seiner „Gisela" an den Engländer heran, bis er Rufweite erreicht hatte. Er brüllte hinüber:
„Hey you, wat fangst you hier?"
Der Englischmann drehte sich nicht einmal um. Vielleicht mochte er die Deutschen wirklich nicht, vielleicht wollte er nur nicht gestört werden. Peter Fock umkurvte den Briten ein zweites Mal in aller Vorsicht und mit respektvollem Abstand.
„Hey you, wat fangst you hier?"
Wieder keine Antwort, aber die sollte er beim dritten Anlauf bekommen. Der Schipper wandte sich kurz um und schrie über die Schulter zurück:
„Fuck you!"
Diese derbe Redensart, die in übertragenem Sinne und, frei ins Deutsche übersetzt, soviel bedeutet wie „Hau bloß ab!", richtig zu verstehen, dazu reichten Peter Focks Englischkenntnisse dann doch nicht. Mit glückseligem Gesichtsausdruck wandte er sich zu seinen Leuten auf der Brücke um und sagte:
„Kiek, kiek, de kennt mi ..."

Kapitän Peter Fock. (Archiv DSM)

Biographisches

Peter Fock, geboren am 27. Oktober 1889 auf Finkenwerder, schlug nach der Schulzeit wie selbstverständlich die Fischerlaufbahn ein. Im Unterschied zu anderen Finkenwerder Fischern, die lieber auf Kuttern fuhren, zog es ihn in die Hochseefischerei. Seit 1922 stand er als Kapitän auf der Brücke, zunächst auf der „Gisela"; 1934 übernahm er die von H. C. Stülcken in Hamburg für die Reederei C. Andersen gebaute „C. P. Andersen". Kurz vor Kriegsausbruch vertraute ihm der Reeder einen weiteren Neubau, den Trawler „Jochen", an, mit dem er es jedoch nur noch auf fünf Reisen brachte. Das Schiff wurde zur Kriegsmarine eingezogen und sank 1940 nach einer Minenexplosion. Fock, für den Kriegsdienst schon zu alt, fischte noch einmal mit der betagten „Ursula", einem Schwesterschiff der „Gisela", kriegsbedingt nun in der Ostsee. Zwei Monate vor Kriegsende, am 8. März 1945, starb er bei einem Luftangriff auf Hamburg, als eine Sprengbombe sein Haus traf. Die Ehefrau überlebte schwer verletzt.

Quellen

Kapitän Kurt Arnoldt, Hamburg-Volksdorf, der die Geschichte aus seiner Erinnerung ausgegraben hat.

Annegrethe Wagner, geborene Fock, Tochter von Peter Fock, die den Wahrheitsgehalt bestätigt hat.

Uwe Fock vom Kulturkreis Finkenwerder, der einige Quellen freigelegt und mit alten Finkenwerder Kapitänen gesprochen hat.

Bittersalz

Bittersalz, steht im Lexikon, ist ein weißes, rhombisches Mineral, ein wasserhaltiges Magnesiumsulfat. Gärtner streuen es aus, um das Wachstum von Nadelgehölzen zu begünstigen. In früheren Jahrzehnten, als die Pharmaindustrie den Markt noch nicht mit einer Flut von Medikamenten überschwemmt hatte, die phantasievolle, dem Lateinischen oder Altgriechischen entlehnte Namen tragen, griffen vor allem jene zum Bittersalz, die ein drängendes Problem mit sich herumschleppten und zwingend loswerden mußten: Bittersalz diente seinerzeit und dient wohl manchmal auch heute noch neben dem radikaler wirkenden Rizinusöl als probates Abführmittel.

Die Geschichte der deutschen Hochseefischerei kennt einen Vorfall, in dem ein flehendes Verlangen nach Bittersalz Auslöser einer folgenreichen Kollision war. Sie ereignete sich am 2. Oktober 1901 gegen 20.40 Uhr, als der in Bremen beheimatete, auf der Heimreise befindliche Fischdampfer „Köln" in der Deutschen Bucht bei Dunkelheit den englischen Dreimastschoner „Luz" rammte und fast versenkt hätte. Schiffer Heinrich Strenge aus Nor-

Schwesterschiffe der „Köln" im Nordenhamer Fischereihafen, um 1900. (DSM/Nordsee-Archiv)

denham hatte gut zwei Minuten vor der Beinahe-Katastrophe – es können, vermutete das Seeamt bei dem Versuch, die Geschehnisse zu rekonstruieren, eher mehr als zwei gewesen sein – die Brücke verlassen, um für einen Matrosen, den Verdauungsstörungen plagten, Bittersalz aus der Medizinkiste zu holen, da rumste es auch schon. Am Ruder stand zum Zeitpunkt des Aufpralls der Schiffsjunge namens Vogel.

Der Fischdampfer „Köln" der Deutschen Dampffischereigesellschaft „Nordsee" hatte erst um 19.30 Uhr des gleichen Tages das Netz letztmalig auf dieser Reise eingeholt und danach seinen Kurs S_zO $1/2$ O (in Grad: Süd zu Ost gleich 168,8° abzüglich $1/2$ Ost gleich 5,6°, ergibt 163,2°) auf das Feuerschiff „Weser" gesetzt. Schiffer Heinrich Strenge und seine neunköpfige Besatzung konnten an den zehn Fingern schon die Stunden abzählen, die sie noch an Bord ausharren müßten, bis sie mit ihrem Schiff festgemacht haben würden. Selbst dann war noch nicht an Feierabend zu denken. Die Männer hatten ihren Fang selbst zu löschen und dann das Schiff aufzuklaren, ehe sie sich Frau und Kind zuwenden oder Entspannung in der nächsten Hafenkneipe suchen konnten.

Bis 16 Uhr hatte Heinrich Strenge an Deck selbst mitgearbeitet. Danach übernahm er die Wache. Er hatte sich vorgenommen, bis Mitternacht auf der Brücke zu verweilen.

Um 20.35 Uhr betrat Netzmacher und Bestmann Buß die offene Brücke und löste seinen Käpt'n am Ruder ab. Der wies ihn an, welchen Kurs er zu steuern habe. Der Wind aus Ostsüdost wehte ziemlich steif. Das Schiff mußte gegenandampfen und lief gerade noch siebeneinhalb Knoten. Einige Minuten später erschien bewußter Matrose mit dem Bauchgrimmen auf der Brücke und bat den Schiffer, ihm Bittersalz auszuhändigen. Heinrich Strenge brummte „Komm mit!", verschwand mit ihm unter Deck, und das Verhängnis nahm seinen Lauf.

Bevor der Schiffer die Brücke verließ, hatte er noch den Horizont voraus mit dem Glas abgesucht. Die Sicht war gut, und Strenge bemerkte nichts, was seine inneren Alarmglocken hätte schrillen lassen. Bestmann Buß, der ihn als Wachhabender ohne weiteres hätte ablösen können, stand in dieser Situation neben ihm an Ruder. Strenge sagte im Weggehen nur zu ihm: „Paß aber gut auf!"

Eine förmliche Übergabe der Wache an den Bestmann fand nicht statt. Damit war der Schiffer, wie er später in der Seeamtsverhandlung einräumte, zum Zeitpunkt der Kollision weiterhin allein für die Navigierung verantwortlich. Und damit auch für die Folgen.

Kurze Zeit, nachdem der Schiffer nach unten gegangen war, meldeten sich Matrose Fischer und Schiffsjunge Vogel auf der Brücke. Fischer war ohnehin als Rudergänger vorgesehen gewesen und löste den Bestmann ab. Der wiederum, bevor er seinerseits die Brücke verließ, wies ihn darauf hin, daß zwei Strich achterlicher als dwars* ein Feuer auszumachen sei. Fischer sichtete das Licht ebenfalls, konnte aber ebensowenig wie der Bestmann erkennen, um welche Art Feuer es sich handelte und in welcher Entfernung es sich befand. Kurz darauf entdeckte auch der Schiffsjunge das Licht und glaubte zu sehen, daß es sich bewege.

Eines vergaß der Bestmann leider zu sagen, als er die Brücke verließ: wo sich der Schiffer gerade aufhielt. Ein folgenschweres, das alles entscheidende Versäumnis? Wohl doch nicht. Denn die Ereignisse überschlugen sich gleich darauf derart, daß kaum eine Chance bestanden hätte, Strenge noch rechtzeitig auf die Brücke zu holen, damit womöglich er kraft seiner Erfahrung das Schlimmste hätte verhindern können.

Zwischen dem Matrosen Fischer und dem Jungen Vogel, zu zweit zurückgeblieben, hatte sich just ein Fachgespräch über das korrekte Kurshalten entsponnen. Weil Vogel auf dieser, erst seiner zweiten Reise das Schiff schon einmal gesteuert hatte, allerdings vor dem Netz, überließ ihm der Matrose das Ruder, um ihn, wie er hinterher dem Seeamt als Motiv nannte, anzulernen. Fischer beugte sich über den Kompaß und gab Vogel Anweisungen und Erläuterungen. Als er sich wieder aufrichtete, erblickte er zu seinem Entsetzen dicht vor dem Bug hoch aufragend den englischen Schoner. Obwohl er den Maschinentelegraphen sofort auf „Volle Kraft rückwärts" stellte und das Ruder hart nach Steuerbord legte, ließ sich die Kollision nicht mehr vermeiden. Die bei vollem Fischraum tiefliegende „Köln" traf mit ihrem Steven die „Luz" so hart, daß dem Schoner das gesamte Heck weggerissen wurde. An eine Fortsetzung der Reise mit dem Zielhafen Ramsgate an der Südostküste Englands war nicht zu denken.

Heinrich Strenge stand Sekunden noch dem Aufprall wieder auf der Brücke. Er brüllte seinem Kollegen in Pidginenglisch zu:
„Shall ich you helpen?"
„Luz"-Schiffer John Wale akzeptierte das Angebot selbstverständlich nur allzu gern. Der Fischdampfer nahm den Schoner in Schlepp und brachte ihn bis Bremerhaven-Reede. In Bremerhaven wurde die „Luz" dann später repariert.

Zwei Details, die staunen machen: Besatzungsmitglieder des englischen Schiffes hatten den Fischdampfer schon 15 bis 20 Minuten vor der Kollision gesichtet, und beide Schiffe änderten bis zum Zusammenprall ihren Kurs nicht um einen Deut.

Der am 15. Oktober 1901 verkündete Spruch des Seeamtes zu Bremerhaven lautete: „Die Kollision des deutschen Fischdampfers ‚Köln' mit dem englischen Schoner ‚Luz' am 2. Oktober 1901 ist auf die überaus man-

---

* dwars bedeutet: 90 Grad querab

gelhafte Navigierung des Schiffers Strenge vom Fischdampfer zurückzuführen, der sich während seiner Wache in unverantwortlicher Weise längere Zeit unter Deck aufhielt und nicht für eine genügende Vertretung sorgte."

Die humanitäre Komponente des Falles, die darin bestand, daß der Schiffer aus Gutmütigkeit, ohne im geringsten über mögliche Folgen nachzudenken, seine Wache unterbrach, um dem Matrosen in dessen hochnotpeinlicher Bedrängnis Bittersalz zu verabreichen, blieb im Spruch des Seeamtes unberücksichtigt. Auch gingen die Richter nicht darauf ein, daß Segelschiffe nach einem internationalen Abkommen, das bereits seit dreißig Jahren Gültigkeit besaß, generell vor ausweichpflichtigen Dampfschiffen „Vorfahrt" hatten und heute noch haben. Doch was nützt eine solche Regel, wenn man den Kontrahenten gar nicht gesehen hat.

Das Seeamt ließ am Ende sogar noch Milde walten: Heinrich Strenge durfte sein Patent behalten und damit seinen Beruf als Schiffer weiter ausüben.

Schiffsbiographien

Den Fischdampfer „Köln" gab die Deutsche Dampffischereigesellschaft „Nordsee", eine von Bremer Kaufleuten gegründete Aktiengesellschaft, als ihren ersten Neubau überhaupt 1896 beim Bremer Vulkan in Vegesack in Auftrag. Im September 1896 lief das Schiff vom Stapel, schon einen Monat später trat es seine Jungfernreise an. Die „Köln" war wie ihr Schwesterschiff „Aachen" 31,42 Meter lang und 6,27 Meter breit. Bei einer Vermessung von 141,83 BRT faßte sie im Fischraum 800 Zentner. Die ebenfalls vom Bremer Vulkan gelieferte Maschine leistete 550 PS und brachte das Schiff auf eine Reisegeschwindigkeit von neun Knoten. „Nordsee"-Vorstand Friedrich Burmeister hatte schon um die Jahrhundertwende erkannt, daß dieser Typ Fischdampfer für den Einsatz bei Island nicht geeignet war, und trennte sich 1910 von der „Köln", die in das Eigentum der Deutsche Hochseefischerei Bolte & Steenken GmbH (später AG) in Bremerhaven überging. Im Ersten Weltkrieg, am 8. Januar 1915, kaufte die Kaiserliche Marine den Fischdampfer und reihte ihn in die 1. Halbflottille der Hafenschutzflottille Jade/Weser ein. Am 10. August 1917 sank die Ex-„Köln" nach einer Kollision in der Ostsee vor Gjedser, Stadt auf der dänischen Insel Falster.

Der englische Schoner „Luz" war in Ramsgate beheimatet und gehörte im Jahre 1901 der Reederei von Hy Summers. Das Schiff war 1869 auf der Werft Philip in Dartmouth aus Holz gebaut worden und hatte bei einer Länge von 31,76 Metern (104'2 Feet) und einer Breite von 7,28 Metern (23'9 Feet) einen Raumgehalt von brutto 205 und netto 186 Register-Tonnen. Die Mannschaft bestand einschließlich des Schiffers John Wale aus sieben Mann. Das Schiff besaß keine Klasse und stand unter der Aufsicht des Board of Trade.

QUELLEN

72. Spruch des Seeamtes zu Bremerhaven vom 15. Oktober 1901, betr. den Zusammenstoß des Fischdampfers „Köln" von Bremen mit dem britischen Dreimastschoner „Luz".

„Nordsee"-Archiv des Deutschen Schiffahrtsmuseums (ehemals Privat-Archiv Eduard Hoffmann, Bremerhaven).

Hilda Peters, Bremerhaven.

Eine wundersame Heilung

Er kam aus Schulau an der Elbe, gleich hinter der Hamburger Landesgrenze gelegen, aber sein Schiff hieß „Finkenwärder", wie in alten Zeiten mit „ä" geschrieben, und war in Hamburg registriert. Sein eigener Name lautete Hermann Breckwoldt, und wer sich in der Genealogie der See- und Fischersleute an der Niederelbe ein wenig auskennt, wird voller Respekt vermerken: Breckwoldt, das ist in diesen Kreisen eine der feinsten Adressen.
Hermann Breckwoldt fuhr jedoch als „Kaptein" keinen Kutter, sondern einen Fischdampfer, wenngleich bis 1948 einen kleinen und angejahrten, einen der wenigen, die den Zweiten Weltkrieg überdauert hatten. Auch suchte er den Fisch längst nicht mehr wie die Altvorderen in der Niederelbe und in küstennahen Gewässern, statt dessen weitweg von Schulau und den St. Pauli-Landungsbrücken in der Nordsee, vor Norwegen und rund um Island.
Kurt Arnoldt, der 1946 als Matrose mit A 5-Patent auf der bereits 28 Jahre alten „Finkenwärder" der Hochseefischerei C. Andersen & Co. angemustert hatte und es später zu einem erfolgreichen Trawlerkapitän brachte, kann über Hermann Breckwoldt Anekdoten erzählen, die manches über diesen Mann verraten: Er war Menschenfreund, mit starker Führungskraft ausgestattet, aber auch mit hintergründigem Humor begabt. Eine seiner besonderen Eigenschaften war: Er konnte flunkern, ohne eine Miene zu verziehen oder ein Lächeln auch nur anzudeuten. Andererseits geriet er auch schon mal in Zorn, wenn er Grund hatte, sich zu ärgern, vor allem über eigene Schusseligkeit.
Einmal brachte er es fertig, seine „Finkenwärder" auf einer Heimreise bei ablaufendem Wasser querab von Brunsbüttel auf Schlick zu setzen. Da half nichts: Er mußte die nächste Flut abwarten, um den Dampfer wieder freizubekommen. Hermann Breckwoldt schickte seine Leute ins Logis und ließ sie auf Vorrat schlafen. Er aber rannte an Deck auf Backbordseite ruhelos auf und ab und wütete gegen sich selbst.
Von Brunsbüttel näherte sich ein Ruderboot. Zwei Männer saßen darin. Sie gingen längsseits, lugten über die Reling – so hoch war die auf den kleinen Fischdampfern nicht – und wunderten sich, wie da einer so ausdauernd hin und her rennen konnte.
„Wollen wir den mal fragen, ob sein Kaptein Fisch für uns hat", wandte sich der eine an seinen Macker. Man bedenke: Es war das Hungerjahr 1946. Das war kein Betteln ...
Gedacht, gesagt:
„He, du da. Was meinst du: Ob man euren Alten wohl um Fisch anhauen kann?"

Im gleichen Augenblick vergaß Breckwoldt seinen Ärger über sich selbst und schlüpfte in das Kleid des Schelms, das ihm so gut paßte.
„Bloß nicht!", beschwor er die beiden eindringlich. „Unser Alter ist nämlich nicht ganz dicht. Wenn ihr den ansprecht, passiert bestimmt ein Unglück ..."
Die beiden verdrängten jeglichen Gedanken an den knurrenden Magen und eine sättigende Mahlzeit, zogen ihre Köpfe ein und ruderten eilig nach Brunsbüttel zurück.
Diese zweite Seite seines Wesens, sein Hang zur Eulenspiegelei, offenbarte Hermann Breckwoldt bei einer anderen Gelegenheit. Auf der Heimreise hatte die „Finkenwärder" bei Feuerschiff „Elbe 1" für die Weiterfahrt nach Hamburg einen Lotsen genommen. Der erkundigte sich auf der Brücke höflich, ob irgendwas Besonderes zu beachten sei.
„Hier ist alles okay", erwiderte der Alte ebenso höflich und mit undurchdringlicher Miene. „Nur vor dem Hund mußt du dich in acht nehmen."
Der friedlichste aller Hunde lag wie immer auf seinem Stammplatz neben dem Rudersmann und rührte sich nicht.
Der Lotse schaute erst das Tier und dann – fragend – den Kapitän an.
„Man darf ihm auf keinen Fall in die Augen sehen, sonst geht er auf einen los. Und lautes Reden verträgt er auch nicht", sagte Hermann Breckwoldt zur Erläuterung.
Bis Hamburg wurde auf der Brücke nur noch im Flüsterton gesprochen, und der harmlose Bordhund schien aus Luft zu bestehen, aber den störte das nicht weiter.
Eulenspiegel zwinkerte ebenfalls im Hintergrund mit den Augen und schmunzelte, als Hermann Breckwoldt einen frisch an Bord gekommenen Matrosen von einer eigentlich unheilbaren Krankheit mit einer ungewöhnlichen Therapie gründlich kurierte – vom Faulfieber. Diese wundersame Heilung geschah zu einer Zeit, als auf der „Finkenwärder" im Kartenhaus neben der Brücke bereits ein halbrunder Kasten stand – ein Funkgerät, Vorläufer einer Gegensprechanlage. Zu seiner Bedienung mußte sich der Kaptein Kopfhörer überstülpen. Er sprach sodann ins Mikro, die Antworten erhielt er quasi ins Ohr geflüstert. Oder auch gebrüllt.
Der stinkfaule Matrose reiste ganz offensichtlich auf der Tour, als krank in der Koje zu liegen und die anderen für sich mitschuften zu lassen.
„Wir waren auf diesen alten Schiffen an Deck mit dem Jungen nur sechs Mann", erinnert sich Kurt Arnoldt, der Augenzeuge dessen war, was nun folgte. „Da wurde beim Hieven und Schlachten jede Hand gebraucht."
Der Neue hatte sich wieder einmal krank gemeldet und dem Alten seine Leiden und Schmerzen dramatisch geschildert. Hermann Breckwoldt hatte ihn längst durchschaut, aber das ließ er sich nicht anmerken. In einem ruhigen Augenblick, als er auf der Brücke nicht gefordert war, rief er den

Simulanten zu sich. „Hör mal zu, mein Engel", sagte er zum Faulpelz, „ich habe soeben mit dem Funkarzt gesprochen. Ich soll dich jetzt gleich untersuchen, und sollte der Arzt die Diagnose stellen, daß ein schwerwiegender Fall vorliegt, muß ich dich womöglich sogar operieren. Komm mal mit rüber in das Kartenhaus."

Als der Matrose den Raum betrat, ahnte er, daß es jetzt ernst für ihn wurde. Da lag schon das komplette Operationsbesteck parat: diverse Scheren, Messer vom Koch, sogar Fischmesser, Rasiermesser und reichlich Verbandszeug. Der Faule sah's mit Grausen.

„So, nun mach mal den Oberkörper frei!"

Hermann Breckwoldt nahm vor dem Funkgerät Platz, setzte die Kopfhörer auf und sprach ins Mikrophon: „Herr Doktor, der Patient sitzt jetzt vor mir."

Der Alte schien konzentriert zu lauschen. Nach einer Weile zog er die Stecker der Kopfhörer ab und hielt sie an den Körper des Matrosen.

„Ich hör da aber nix, Herr Doktor."

Er stöpselte die Stecker der Kopfhörer wieder in das Gerät, lauschte erneut angestrengt und nickte schließlich mit dem Kopf.

„Ach, so ist das, ich verstehe. Und ich soll beim Bauchnabel anfangen. Und wie lang soll der Schnitt sein? Etwa zehn Zentimeter ..."

Die letzten Worte hörte der faule Matrose nur noch beim Hinausrennen. Er fühlte sich urplötzlich kerngesund und meldete sich auf dem Rest der Fangreise nicht wieder krank.

Schiffsbiographie

Als der Fischdampfer „Ruhr" am 27. Juli 1936 in Hamburg-Altona auf Veranlassung seiner neuen Eigner Eggert Schmielau und Gertrud Hagelstein auf den Namen „Finkenwärder" umgetauft wurde, hatte er bereits ein wenn auch nicht unbedingt bewegtes, so doch von einem häufigen Eignerwechsel geprägtes 18jähriges Dasein hinter sich, das auch späterhin so unbeständig wie das Wetter auf See verlaufen sollte. Der mit 217 BRT vermessene, 38,92 Meter lange, 6,88 Meter breite Seitenfänger, dessen Fischraum 1400 Korb faßte, wurde im letzten Kriegsjahr 1918 von der Schiffbau-Gesellschaft „Unterweser" mbH in Lehe (heute Bremerhaven) nicht etwa für eine Reederei, sondern für die kriegsbedingte Verwendung als Vorpostenboot im Auftrag der Kaiserlichen Marine (Vorpostenflottille Nordsee) gebaut. Die Marine wollte das Schiff ursprünglich auf „Dr. Heckscher" taufen, stellte es dann aber unter dem Namen „Essen" am 22. April 1918 in Dienst.

Einige Monate nach Kriegsende, am 4. März 1919, kaufte die Cuxhavener Hochseefischerei AG den Dampfer, den sie unter dem Namen „Direktor Schwarz" auf Fangreisen ausschicken wollte, trat aber wieder vom Vertrag zurück. So fuhr die „Essen" weiter für die Marine, die fortan Reichsmarine hieß, nun aber als Fischdampfer in Charter der Freiwilligen Kriegshilfe. 1920 wurde sie in die neugegründete Reichstreuhandgesellschaft AG eingebracht und von der Wilhelmshavener Hochseefischerei AG in Rüstringen bereedert, die den Fischdampfer schon ein halbes Jahr später als Eigentum erwarb. Ende 1922 kam das Aus für den Seefischmarkt Wilhelmshaven. Die „Essen" ging an die Emder Hochseefischerei, 1926 an die Deutsche Seefischerei AG in Cuxhaven, die ein Jahr später mit der Cuxhavener Hochseefischerei AG fusionierte. Die nun auf den Plan tretende neue Eignerin, die in Emden ansässige Hochseefischerei Rhein/Ruhr AG, taufte sie 1928 in „Ruhr" um. Diesen Namen behielt das Schiff auch, als Minna Luerssen (1933) und nach ihr Alerich Luerssen (ab 1934) den bereits leicht betagten Trawler erwarben und von Bremerhaven aus bereedern ließen.

Der nächste und letzte Heimathafen, der zur Umbenennung von „Ruhr" (dieser Name paßte so gar nicht an die Elbe) in „Finkenwärder" Anlaß gab, war Hamburg-Altona. Die Käufer Eggert Schmielau und Gertrud Hagelstein, ab 1939 dann H. Hoppe vertrauten das Schiff der Korrespondenzreederei August Schmielau Söhne in Altona an, deren Inhaber Eggert Schielau war. Im Jahre 1940 sollte die „Finkenwärder" eigentlich schon auf dem Schrottplatz enden; das Abwrackunternehmen Ritscher & von der Heide hatte den Oldtimer angekauft.

Die Rettung stand im Zusammenhang mit den Kriegsereignissen: Die Hochseefischerei Andersen & Co. KG, hinter der auch die Reemtsma-Gruppe stand, hatte nach Kriegsausbruch sechs alte Fischdampfer aufgekauft, davon zwei vom Abbruchunternehmen Ritscher & von der Heide. Mit dabei: eben die „Finkenwärder". Der Anlaß zu dieser Transaktion: Die seit 1938 aktive Firma ging neue Wege in der Tiefkühlung von Fisch. Dazu ließ sie ab Herbst 1938 den Frachter „Hamburg" (5400 BRT) zu einem Gefrierschiff umbauen, das seit Anfang 1940 betriebsklar im Hamburger Hafen lag. Ihre vier 1938 in Dienst gestellten Trawler aber mußten Kriegsdienste leisten, und für sie brauchte Andersen Ersatz. Im Herbst 1940 bezog die „Hamburg" Position im norwegischen Svolvær. Zu den Trawlern, die die benötigte Rohware fangen und anliefern sollten, gehörte wohl auch die reaktivierte „Finkenwärder".

Es kam jedoch anders. Bei ihrer tollkühnen, aber erfolgreichen Operation „Claymore" versenkten die Engländer die „Hamburg" am 4. März 1941 im Hafen von Svolvær. Die „Finkenwärder" aber wurde auf ihre alten Tage noch zur Kriegsmarine „eingezogen": Wie alle anderen deutschen Trawler auch – einzige Ausnahme: die „Rhein" – sollte sie am geplanten, später von Hitler aber wieder abgeblasenen Unternehmen „Seelöwe" teilnehmen, am deutschen Überfall auf England. So lag die „Finkenwärder" ab August 1940, zur Untätigkeit verdammt, monatelang im Hafen von Boulogne-sur-mer.

Im Herbst 1941 gab die Marine den Fischdampfer an die Reederei zurück. Er blieb bis l949 bei Andersen, ging dann in das Eigentum von Eduard Bartels und 1950 des Trawler-Kontors Otto Miethke über. Am 22. Mai 1951 endlich wurde die „Finkenwärder" zum Abbruch verkauft und tatsächlich auch abgewrackt.

BIOGRAPHISCHES

Hermann Breckwoldt wurde am 13. Dezember 1903 in Schulau geboren, verbrachte seine Kindheit und Jugend aber im benachbarten Wedel, zu dem Schulau heute gehört. Seit 1930 war er mit Martha Anna Röttger verheiratet; die Ehe blieb kinderlos. Breckwoldt verstarb bereits am 25. November 1967, nicht einmal 64jährig. In seinem Geburtsort, der erst 1951 wieder sein Wohnsitz wurde, zu dem er sich aber sein Leben lang aus Überzeugung und Heimatliebe bekannte, hat er die letzte Ruhestätte gefunden. Seine Berufswahl traf Hermann Breckwoldt früh: Er schlug die Seemannslaufbahn ein und brachte es in seiner Zeit zu einem der tüchtigsten deutschen Fischdampferkapitäne. Sein Meisterstück lieferte er im Jahre 1947 ab, als er im August sechs Reisen hinlegte und jeweils mit vollen Fischräumen – 1500 Korb – an den Markt kam, ein Fabelweltrekord.

Trotz eines schweren Rückenleidens, das ihn zunächst zum Tragen eines Korsetts und 1955 zur Berufsaufgabe zwang, blieb Breckwoldt stets ein Mann voller Lebensfreude und Humor, der wegen seiner Menschlichkeit

Kapitän Kurt Arnoldt.

und Hilfsbereitschaft bei jedermann beliebt und geachtet war, aber er konnte auch schimpfen wie ein Rohrspatz. Wenn das Deck voller Heringe lag und jede Hand gebraucht wurde, brachte er es manchmal fertig, von der Brücke herab in die Fische zu springen und so als Kapitän mit dafür zu sorgen, daß der Fang unter Deck kam. Als endlich Funkverkehr zwischen den Trawlern bestand, unterhielt er in den Abendstunden die Brückenbesatzungen der anderen Fischdampfer auf den Fangplätzen als „Kapellmeister Knurrhahn" mit Walzermelodien. Seiner Schwester kaufte er in St. Pauli unmittelbar gegenüber der Davidswache einen Würstchenstand, den sie so lange betrieb, bis sie genug Geld beisammen hatte, um nach den USA auswandern zu können.

Hermann Breckwoldt gab 1948 die „Finkenwärder" an seinen Kapitänskollegen Martin Höft ab und übernahm dafür die „Gisela", den zweiten Hamburger Fischdampfer-Neubau nach der Kapitulation, der allerdings bei Howaldt in Kiel nicht völlig neu, sondern aus den Überresten der vorherigen, durch einen Bombentreffer vor Finkenwerder versenkten „Gisela" von 1921 gebaut, aber verlängert worden war; der erste war die ebenfalls durch Fliegerbomben vor Tollerort gegenüber Altona versenkte „Nienstedten", die ebenfalls 1949 von Howaldt in Kiel zu einem zweiten Leben erweckt wurde. 1950 übernahm er den Neubau „Paul Lübcke", 1953 mit der „Hans Gosch" wiederum das jüngste Schiff der Andersen-Flotte. 1955 führte er noch auf einigen Reisen die „C. P. Andersen", bis es aus gesundheitlichen Gründen – Breckwoldt hatte es nicht nur mit dem Rücken, sondern auch mit dem Herzen und führte auf allen Reisen Glyzerin-Kapseln bei sich – nicht mehr weiterging. Zuletzt betätigte er sich in Schulau als Wachmann.

Kurt Arnoldt, geboren am 3. März 1922 in Hamburg, gehörte in den fünfziger Jahren zu den erfolgreichen deutschen Trawlerkapitänen, bevor er 1960 in Hamburg einen Landjob übernahm. Seit 1964 wirkte er für vier Jahre als Inspektor bei der Hanseatischen Hochseefischerei AG in Bremerhaven, hatte sich aber vertraglich ausbedungen, eine Reise im Jahr als Kapitän unternehmen zu dürfen, nicht nur damit zusätzlich Geld in die Privatschatulle kam, sondern auch weil er nautisch und in der Fangtechnik auf der Höhe der Entwicklung bleiben wollte. Von 1968 bis 1994 und damit weit über das normale Ruhestandsalter hinaus war er weltweit als fischereitechnischer Berater tätig.

Kurt Arnoldt war als Seemann und Fischdampferkapitän gleichermaßen hochqualifiziert. Schon 1942, nachdem er zunächst 1937 auf einem Finkenwerder Kutter und danach auf Fischdampfern angeheuert hatte, erwarb er nach einer für den Schulbesuch unerläßlichen 24monatigen Fahrenszeit auf Küstenmotorseglern das Patent A 5. Seit 1951 mit dem zusätzlichen Patent B 5 ausgestattet, riß er zwei Jahre als Steuermann auf Trawlern ab, um

1953 in Kiel die „Walter Siemers", einen alten, ehemals belgischen, aber schon ölbefeuerten Fischdampfer, als Kapitän zu übernehmen. Einige Jahre später vertraute ihm Reeder Ernst A. P. Koch mit der „Martin Friedrichs" erstmals einen Neubau an. Vorher, 1957, hatte Kurt Arnoldt noch mit dem Patent A 6 die generelle Berechtigung erhalten, auch Handels- oder Passagierschiffe jeglicher Größe zu führen, ohne daß er je von diesem Privileg Gebrauch gemacht hätte.

QUELLEN

Heiko Horstmann, Hobbyhistoriker mit dem Schwerpunkt Geschichte der deutschen Hochseefischereiflotte, wohnhaft in Cuxhaven-Döse.

Hilda Peters, Hobbyhistorikerin mit den Schwerpunkten Geschichte der deutschen Fischdampfer bis 1914 und Geschichte der „Nordsee", Deutsche Hochseefischerei AG, bei der sie viele Jahre als Leiterin der Importabteilung tätig war. Hilda Peters wohnt in Bremerhaven.

Ernst Wagner, Hamburg-Finkenwerder, ehemaliger Geschäftsführer der Andersen KG (GmbH & Co.).

Anke Rannegger, Stadtarchiv Wedel in Schleswig-Holstein.

Kapitän Karl Egner, Bremervörde, Anfang der fünfziger Jahre Steuermann bei Hermann Breckwoldt.

Kapitän Kurt Arnold.

Im Würgegriff des Schwarzen Frostes

Das Unheil brach in Minutenschnelle, fast im Sekundentakt, über den Bremerhavener Trawler „Alemannia" herein. Kapitän Karl Schumacher (45), der sich wie immer allein auf der Brücke befand, wenn auf dem Arbeitsdeck und in den Fischräumen alle Hände gebraucht wurden, sah die tödliche Gefahr buchstäblich Zentimeter für Zentimeter wachsen, und er erkannte sogleich, in welcher Lage sich sein Schiff befand, in der schlimmsten aller nur auszudenkenden: Der „Black Frost", wie englische Fischerleute diese Wetterkatastrophe nennen, der „Schwarze Frost" hatte den Fischdampfer in seinen Würgegriff genommen. Gab es überhaupt noch ein Entrinnen?

Funker Hans Wölbing hockte im Funkraum – die Tür zur Brücke stand wie gewöhnlich offen – vor seinen Geräten und hörte sich aus den Lautsprechern jenes Gequake an, das man als Funkverkehr zu bezeichnen pflegt. Anfangs war es wirklich noch Gequake. Plötzlich jedoch wurden die Geräusche schwächer und schwächer. Schließlich war gar nichts mehr zu vernehmen. Für Wölbing stand fest: An den Geräten konnte es nicht liegen, sie waren in Ordnung. Folglich mußte mit den Antennen etwas nicht stimmen. Er beschloß, einmal kurz nach dem Rechten zu sehen.

Als Hans Wölbing die Brücke betrat, spürte er erstmals, in welch seltsam schwammige Schlingerbewegungen das Schiff geraten war. Dann sah er voller Entsetzen seine Antennen. Die dicken Kupferlitzen, die vorhin noch fest an ihren Rahen von Mast zu Mast gespannt waren, hingen als armdicke Eiswürste pendelnd herunter. Schlichtweg gebrochen unter dem Gewicht des Eismantels. Jedem Orkan hatten sie bislang standgehalten, aber gegen den Schwarzen Frost waren sie ohne Chance.

Kapitän Schumacher hatte gerade das Hieven des Fanggeschirrs befohlen, um die Manövrierfähigkeit des Schiffes so schnell wie möglich wiederherzustellen. Dem erfahrenen Seemann war längst klar: In den nächsten Minuten ging es um Leben und Tod.

Der Alte hing mit dem Kopf aus dem Seitenfenster.

„Was ist denn mit dem Dampfer los?", fragte Wölbing.

„Dann schau du mal nach draußen, Hans", antwortete Schumacher seinem Funker.

Wölbing schaute, aber nicht nur auf seine Antennen. Und er erkannte das ganze Ausmaß der Gefahr. Die Takelage am Vormast bis hoch zum Flaggenknopf, die Aufbauten, alles war von einer durchsichtigen, glasurähnlichen Schicht überzogen. Und die Eislast wurde von Augenblick zu Augenblick dicker und schwerer. Wenn sie in diesem Tempo weiter zunahm, war es nur noch eine Frage der Zeit: Die Topplastigkeit des Schiffes würde der-

Beginnende Vereisung. (Foto Hans Wölbing)

art extrem ansteigen, daß die „Alemannia" unweigerlich kentern und mit Mann und Maus versinken müßte. Für die 36 Männer an Bord würde es nicht den Hauch einer Chance auf Rettung geben in der unwirtlichen Polarhölle.

Kapitän Schumacher behielt trotz der verzweifelten Situation an diesem 29. März 1957 die Nerven und vor allem die Übersicht. Bevor der Schwarze Frost in den Vormittagsstunde über die „Alemannia" der Nordatlantischen Hochseefischerei GmbH, einen ölbefeuerten Seitenfänger von 650 BRT und 5000 Zentner Ladekapazität, herfiel, hatte das Schiff zwei Tage ganz allein östlich von Angmagssalik (Ostgrönland) gefischt – hart am Rande einer nördlich gelegenen Packeisgrenze. Es wehte ein eisiger Nordsturm mit Stärke 9, der den an Deck schuftenden Männern Seerauch, Nebelfetzen und Nieselregen um Nase und Ohren peitschte, die Atemluft gefrieren ließ.

An diesem Tage war die ohnehin schon harte Arbeit wahrhaftig alles andere als ein Zuckerschlecken.
Weil jedoch der Seegang, gedämpft durch das nahe Packeis, immer noch einigermaßen niedrig war, konnte die „Alemannia" trotz des Sturmes zunächst weiterfischen. Aber nicht mehr lange: Das Gemisch aus Seerauch, Nebel und Nieselregen wurde dichter und legte sich als tonnenschwerer Eispanzer auf das 62 Meter lange Schiff. Das Verhängnis schien unaufhaltsam seinen Lauf zu nehmen. Wäre da nicht ein Karl Schumacher gewesen. Er selbst und sein Funker hatten bis dahin noch nie vor einer solchen brenzligen Situation gestanden. Beiden kam im gleichen Moment der Gedanke an das Schicksal der modernen englischen Trawler „Lorella" (559 BRT) und „Roderigo" (810 BRT), die der Schwarze Frost am 26. Januar 1955 in einem Sturm nördlich von Island mit ihren Besatzungen in den Untergang gerissen hatte.
Noch hielt sich das starke Überholen des Schiffes, bedingt durch die Kraft des Hievens der kilometerlangen Kurrleinen, in erträglichen Grenzen. Als die Scherbretter endlich vorgehievt und abgefangen waren, drehte Karl Schumacher die „Alemannia" mit dem Heck in den Wind, damit der Dampfer, wie er sagte und wie sich Hans Wölbing viele Jahre später erinnerte, „beim Einholen des Netzes keine Dummheiten mache".
Karl Schumacher dachte angestrengt darüber nach, wie er Schiff und Besatzung vielleicht doch noch in Sicherheit bringen könnte. Er wandte sich zu Wölbing um und gab ihm einen Auftrag:
„Guck dich mal auf dem Radarschirm um, ob du irgendwo in südlicher oder südöstlicher Richtung ein Eisfeld ausmachen kannst."
Während die Eisschicht die „Alemannia" Zentimeter um Zentimeter überzog, lief das Radargerät zum Glück unentwegt weiter. Der halbrunde Scanner über der Brücke zeigte, und das war der Grund dafür, daß die Anlage noch funktionierte, bei jeder Drehung dem Schwarzen Frost seine Rückseite, so daß er weder völlig vereisen noch sich festsetzen konnte. Wölbing hängte sich an das Radar. Viel war auf dem Bildschirm nicht zu sehen. Die Eisschicht am Scanner war, obwohl der ständig kreiste, inzwischen dennoch soweit angewachsen, daß der Bildschirm nur noch ein getrübtes Bild hergab. Schließlich konnte Wölbing in einigen Seemeilen Entfernung inmitten eines wohl durch die Reflexionen des Eises bewirkten Musters, wie er es in seiner Funkerlaufbahn noch nicht wahrgenommen hatte, so etwas wie einen diffusen Schatten erkennen. Das könnten, folgerte er, und er sollte mit seiner Deutung recht behalten, die Konturen eines Eisfeldes sein.
Mittlerweile waren der 1. Steuermann Ernst Braun und ein Rudergänger auf der Brücke erschienen. Sie berichteten: Es sei unmöglich, das eisenharte und bis zu zehn Zentimeter dicke Eis abzuschlagen. Für Käpt'n Schumacher stand damit fest: Die einzige Chance auf Rettung bestand darin, daß

es ihm gelingen mußte, mit der „Alemannia" so schnell wie möglich erst das Eisfeld und dann wärmere Gefilde zu erreichen. Er schickte die Decksleute, als das Netz endlich eingeholt war, in ihre warmen Unterkünfte. Obwohl auch sie um die tödliche Gefahr wußten oder zumindest eine Ahnung davon verspürten, nutzten sie die Gelegenheit, eine Mütze voll Schlaf zu nehmen. Angstschweiß sah Wölbing auf keiner Stirn, allenfalls regennasse Haut.

Für die vier auf der Brücke begannen nervenaufreibende Minuten und Stunden. Karl Schumacher gab dem Rudergänger das Kommando: „Vier Strich Backbord."

Damit drehte er den Dampfer auf südöstlichen Kurs. Von nun an kam der Sturm schräg mit 45 Grad von hinten. Winddruck und Topplastigkeit führten dazu, daß die „Alemannia" immer wieder Schlagseite bekam und bei einer Krängung von fast 30 Grad förmlich „hängenblieb", sich nicht wieder aufrichten wollte. Kapitän Schumacher reagierte sofort und richtig: Er ließ die Maschine stoppen und drehte das Schiff wieder mit dem Heck in den Wind. Es war wie ein Wunder: Die „Alemannia" richtete sich auf, zögerlich zwar und fast widerwillig, aber sie gehorchte ihrem Käpt'n.

Danach hieß es dann wieder: Leicht nach Steuerbord und volle Pulle voraus, bis das Schiff erneut bedrohliche Schlagseite erhielt und mit Ruder- und Maschinenmanövern auf ebenen Kiel gebracht werden mußte. Dieses „Spiel" wiederholte sich mehr als zwanzig Mal.

Währenddessen sprach keiner auf der Brücke ein überflüssiges Wort.

„Der sonst übliche humorvolle Umgangston war einem stillen Ernst gewichen", denkt Hans Wölbing an die Schreckensstunden zurück. „Die Spannung löste sich erst, als wir das scharrende Spektakel der an den Bordwänden entlangschlurrenden Eisschollen vernahmen. Es klang wie Musik in unseren Ohren."

In dem ruhigeren Wasser ließ die Kenterneigung des Dampfers spürbar nach. Die „Alemannia" hatte zwar noch etwas Schlagseite nach Lee, aber wahrscheinlich nur durch den Druck des andauernden Nordsturmes. Ohne daß die Männer auf der Brücke es zunächst wahrnahmen, setzte sich auch die Vereisung der Aufbauten nicht mehr fort.

Karl Schumacher steuerte sein Schiff mit östlichem Kurs durch das Eisfeld. Kaum hatte er es nach einigen Stunden hinter sich gelassen, sah er andere fischende Trawler, bei denen von Vereisung an den Aufbauten keine Spur zu entdecken war. So schnell, wie sich der Eispanzer an der „Alemannia" aufgebaut hatte, so schnell taute er auch wieder ab. Der Spuk war vorbei.

Außer an den abgerissenen Antennen, die Hans Wölbing nun wieder zu flicken und aufzubringen hatte, waren am Schiff keine weiteren Schäden aufgetreten.

Als wenn nichts gewesen wäre, nahm Kapitän Schumacher die Fischerei auf einem neuen Fangplatz wieder auf. Die Ausbeute war zwar nicht so ergiebig wie östlich von Angmagssalik, aber dafür ging es wesentlich gefahrloser und weniger aufregend zu.

Tiefes Durchatmen bei den 36 Männern auf der „Alemannia": Mit seinem seemännischen Geschick hatte Karl Schumacher sie und das Schiff in letzter Sekunde dem tödlichen Würgegriff des Schwarzen Frostes entzogen.

Nachtrag

Der tragische Untergang der beiden englischen Fischdampfer „Lorella" und „Roderigo" am 26. Januar 1955 und die Beinahe-Katastrophe, die zwei Jahre darauf den deutschen Trawler „Alemannia" betroffen hatte, fanden bei den Meteorologen und Ozeanographen international eine starke Beachtung. Den Ursachen für die Vereisung von Fischdampfern, die übrigens häufig in der Dänemarkstraße auftritt, insbesondere aber der „Alemannia", spürte Dr. Hans Otto Mertins von der Bordwetterwarte des Fischereiforschungsschiffes „Anton Dohrn" nach. Obwohl ihm nur dürftige Beobachtungsdaten vorlagen (welcher Kapitän wäre wohl in der Lage gewesen, angesichts einer drohenden Katastrophe noch Messungen durchzuführen und die Ergebnisse penibel aufzuschreiben), sah er sich in der Erkenntnis bestätigt, daß in diesem Seegebiet zwei gänzlich unterschiedliche Erscheinungen von Schwarzem Frost auftreten, die den Schiffen jedoch gleichermaßen gefährlich werden können: Die beiden englischen Trawler hatte an den Aufbauten festgefrorenes Spritz- und mithin salziges Seewasser zum Kentern gebracht, die „Alemannia" hingegen geriet durch eine Süßwasservereisung in ihre gefährliche Situation.

Die englischen Trawler dampften am 26. Januar 1955 nördlich von Island bei einer Lufttemperatur von minus fünf bis minus sechs Grad Celsius und einer Wassertemperatur von nur einem Grad plus gegen einen anhaltenden schweren Nordoststurm in Stärken acht bis elf an. Das Seewasser hat bekanntlich einen Gefrierpunkt von minus einem Grad. Bei dieser Wetterlage und Wassertemperatur war es kaum vermeidbar, daß die Aufbauten vereisen und die Schiffe kentern mußten. Diese Katastrophe und ihre Ursachen wurden außer von Mertins bereits vorher von Dr. Martin Rodewald („Das Ende von ‚Roderigo' und ‚Lorella'", Der Wetterlotse Nr. 84/85) und von R. F. M. May, M.A. („Meteorological aspects of the loss of ‚Lorella' and ‚Roderigo'", The Marine Observer, April 1956) beschrieben.

Völlig anderer Art war die Vereisung der „Alemannia". Das Schiff befand sich, als die gefährliche Vereisung eintrat, in der Dänemarkstraße zwischen den beiden Fangplätzen Anton-Dohrn-Bank und Angmagssalik hart am Eisrand. Es herrschte ein Nordoststurm in Stärke neun; der Seegang war jedoch im Vergleich dazu deutlich schwächer. Die genaue Lufttemperatur ist nicht bekannt, Mertins schätzt sie jedoch auf minus fünf bis minus sechs

Grad. Nach Angaben von Kapitän Schumacher herrschte bei einer Wassertemperatur von plus fünf Grad ein starker arktischer Seerauch. Hinzu kam zeitweise Nieselregen. Der Nebel sei stark nässend gewesen. Es kam folglich zu einer Süßwasservereisung.

Im Gegensatz zu den englischen Trawlern dampfte die „Alemannia" nicht gegen den Nordoststurm an, sondern bekam ihn schräg achterlich, als Karl Schumacher ein in südöstlicher Richtung vermutetes Eisfeld zu erreichen versuchte. Seine Maßnahme erwies sich im nachhinein als richtig, denn erstens waren die Schiffsbewegungen im Eisfeld wesentlich geringer als im freien Wasser, und zweitens verlagerte sich das Schiff damit in Richtung der im Südosten gelegenen wärmeren Luft, in der das Eis schon am Nachmittag völlig abtauen sollte.

Eine für die Dänemarkstraße keineswegs seltene oder ungewöhnliche Wetterlage hatte die Rettung begünstigt. An diesem 29. März 1957 lag ein Zentraltief mit einem Kerndruck von 960 Millibar auf der Position 54 Grad Nord und 38 Grad West. An seiner Ostflanke schwenkten mehrere Störungen nach Norden gegen Island. Die erste dieser Schlechtwetterfronten passierte mittags die Anton-Dohrn-Bank, auf der schwache Südwinde bei sieben Grad Wärme gemeldet wurden. Die „Alemannia" lag bei eintretender Vereisung noch vor der Front in einem Nordsturm mit Stärke neun und einer geschätzten Lufttemperatur von minus fünf bis sechs Grad. Das Schiff geriet auf seiner Fahrt in die Rettung von winterlichen Temperaturen in das reinste Frühlingswetter.

Biographisches

Karl Schumacher (1912 bis 1962) gehörte in den fünfziger Jahren zu den erfolgreichsten deutschen Trawlerkapitänen. Auch seine Brüder Otto und Willy, die wie er aus Cappel-Altendeich im Lande Wursten stammten, führten Fischdampfer.

Eigentlich wollte Karl lieber ein Charles werden: Nach einer Fahrenszeit als Junge und Leichtmatrose auf Geestemünder Fischdampfern reiste er in den frühen dreißiger Jahren nach den Vereinigten Staaten von Nordamerika aus und bekam auch eine vorläufige Aufenthaltsgenehmigung (First Paper). Wie es der Zufall wollte, konnte er auf einem Schnellboot anmustern, über das er später sogar das Kommando erhielt. Was er anfangs nicht wußte: Die Besatzung hatte während der andauernden Prohibition (bis 1933), also des strikten staatlichen Verbotes der Herstellung und des Verkaufs alkoholhaltiger Getränke, ausschließlich die Aufgabe, Whiskey und ähnliches Teufelszeug auf See zu übernehmen und an Land zu schmuggeln. Was er nicht wissen konnte: Die „Reeder" waren ausgerechnet jene New Yorker Richter, deren eigentliche Aufgabe darin bestand, über die Einhaltung eben des Prohibitionsgesetzes zu wachen und Verstöße dagegen streng zu ahn-

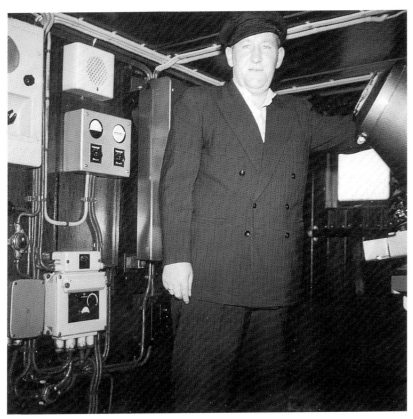

Kapitän Karl Schumacher.

den. Als die befristete vorläufige Aufenthaltsgenehmigung abgelaufen war und Schumacher endlich seinen Einbürgerungsantrag stellen konnte, sorgten die gleichen Richter dafür, daß er postwendend aus den USA abgeschoben wurde. Sie waren einen unbequemen Mitwisser los.

Seine wahre Erfüllung fand Karl Schumacher in der Hochseefischerei. Er war mit Leib und Seele Seemann und später Kapitän. Wenn es darum ging, die Besatzung zu noch schnellerer Arbeit und noch mehr Leistung anzutreiben, erwies er sich als rechtes Rauhbein. Unpünktliches Erscheinen an Bord bei der Ausreise haßte er geradezu. Aber er besaß ein gutes Herz, eines aus Gold. Einmal, als eine schwere See seinen Steuermann Ernst Braun über Bord riß, konnte er seine Verzweiflung nicht verbergen. Er setzte seine ganze seemännische Kunst daran, seinen Bordkameraden zu retten. Und er rettete ihn buchstäblich im letzten Augenblick. Tragische Pointe: Einige Monate später ertrank Braun doch noch: Am 18. Oktober 1958 spülte eine schwere See den damals 34jährigen von Bord des Trawlers „Teutonia".

Karl Schumacher erlag, erst fünfzigjährig, am 1. September 1962 einem schweren Leiden. Er ist in Dorum begraben.

Hans Wölbing, geboren am 10. Januar 1928 in Küstrin an der Oder, wuchs im wendischsprachigen Ort Werben im Spreewald als Sohn eines deutschsprachigen Bezirksschornsteinfegermeisters auf. Weil er nach seiner Schulzeit unbedingt Seemann und zur Krönung der Karriere Kapitän eines großen Handelsschiffes werden wollte, gaben die Eltern schließlich seinem ständigen Drängen nach: Als Vierzehnjähriger durfte er die Schiffsjungenschule „Stettin" in Ziegenort besuchen. Nach bestandener Prüfung fuhr er auf dem Handelssegler „Nordwind", der im Oktober 1942 in der Ostsee auf ein Riff lief und später auseinanderbrach. Die Besatzung konnte sich mit knapper Not retten.

Wölbing, der mit 16 Jahren noch zur Wehrmacht eingezogen wurde, kam nach dem Kriege nach Bremen und 1946 nach Wesermünde (heute: Bremerhaven). Er fuhr zunächst als Matrose auf einem Kutter und dann auf dem Fischdampfer „Lützow" (1. Steuermann: Karl Schumacher).

Auf seinem dritten Schiff, dem Kutter „Bremen", kam es zu einem folgenschweren Unfall: Die Besatzung fischte bei Gotland zwei Fliegerbomben mit Gelbkreuzgas als Inhalt auf. Zwei Männer starben Jahre später an den Folgen der Vergiftung durch das tückische Gas. Wölbing erlitt eine schwere Augenverletzung, die seine Träume von einer Laufbahn als Nautiker jäh zerstörte. Er schulte zum Funker um, tat seinen Dienst auf Fischdampfern und wechselte später als Funkoffizier zur Handelsschiffahrt.

1964 hängte er die Seefahrt an den Nagel und betätigte sich erfolgreich als Sachbearbeiter und Risikofachmann in der Versicherungswirtschaft. Inzwischen ist er pensioniert und schreibt an seinen Erinnerungen und damit an der Geschichte der deutschen Hochseefischerei nach dem Zweiten Weltkrieg.

SCHIFFSBIOGRAPHIE

Der Fischdampfer „Alemannia", dessen Bau die Nordatlantische Hochseefischerei GmbH, Bremerhaven, in Auftrag gegeben hatte, lief am 24. Juli 1954 bei der AG „Weser", Werk Seebeck, in Bremerhaven vom Stapel und startete am 7. September des gleichen Jahres, bereedert von der N. Ebeling GmbH in Bremerhaven, zu seiner ersten Fangreise. In den folgenden Jahren und unter der Führung von Kapitän Karl Schumacher zählte der Seitenfänger zu den Stars der deutschen Trawlerflotte: Er brachte von seinen Reisen reiche Frischfischfänge an den Markt und erzielte mit diesen Fängen auf den Auktionen Rekorderlöse.

Die „Alemannia" wie auch die gleichzeitig fertiggestellte „Gelsenkirchen" der Hamburger Reederei F. Boehm GmbH stellten eine Weiterentwicklung

Fischdampfer „Alemannia". (Modell im Deutschen Schiffahrtsmuseum)

der bewährten Seebeck-Fischdampferreihe dar. Der Trawler war bereits mit einer modernen Ölfeuerungsanlage ausgestattet, konnte jedoch jederzeit, wenn sich eine Notwendigkeit ergeben sollte, auf Kohlefeuerung zurückgebaut werden. 1958 wurde die „Alemannia" an die Nordatlantische Hochseefischerei GmbH, Cuxhaven, verkauft, 1960 übernahm die „Nordsee" Deutsche Hochseefischerei AG die Bereederung. Die „Nordeee" verkaufte das Schiff 1968 zum Abwracken an die Firma Eisen & Metall in Bremerhaven. Am Kaiserhafen endete sein kurzes Dasein.

QUELLEN

Hans Wölbing: „Black Frost – Teuflisches Eis an Bord". Deutsche Schiffahrt, Heft 1/1992, dazu mündlich weitergegebene zusätzliche Informationen.

Dr. H. O. Mertins (Bordwetterwarte Fischereiforschungsschiff „Anton Dohrn"): „Über die Vereisung von Fischdampfern in der Dänemarkstraße". Der Seewart, Band 19, Heft 1/1958.

Heringsverkostung im Nordmeer oder: Die verlorene Zahnprothese

Frage an Radio Eriwan: Was haben eigentlich Seeminen und Shetland-Heringe miteinander zu tun?
Antwort: Im Prinzip nichts, aber wenn man sie erwischen will, sollte man es tunlichst mit Ottern versuchen.
Kapitän Karl Keirat kannte sich mit Ottern aus. Weniger mit lebendigen, sondern mit jenem gleichnamigen Kriegsgerät, das die Marine beim Räumen von Minen verwendet. Schließlich hatte Keirat im Zweiten Weltkrieg in der östlichen Ostsee auf Minensuchbooten mitgeholfen, daß so mancher dieser Sprengkörper hochging. Die Idee, versuchsweise Ottern beim Heringsfang einzusetzen, kam ihm, nachdem er, der „Nordsee"-Mann, im Frühjahr 1961 mit dem Bremerhavener Reeder Helmut Kämpf und im Anschluß daran mit Kapitän Rudolf Nord von Kämpfs Frischfisch-Heckfänger „Carl Kämpf" Fachgespräche geführt hatte.
Der Anlaß zu der vorsichtigen Kontaktaufnahme mit der Konkurrenz war ein Auftrag, den ihm die Reedereileitung erteilt hatte: Keirat, damals Chef der Decksinspektion der „Nordsee", sollte versuchen, mit zwei hochmodernen Vollfrostern, der „Bremerhaven" und der „München", im Nordmeer hart an der Grenze zum Nordatlantik Heringe zu fischen. Die Frage war nur, ob sich dafür die auf den Heckfängern gebräuchlichen 180- oder 200-Fuß-Schleppnetze mit Höhenscherbrettern eigneten. Keirat zweifelte daran. Entscheidend für Erfolg und Mißerfolg dürfte, so überlegte er, eine möglichst große vertikale Netzöffnung sein. Denn er wußte und hatte es schon im Echolot gesehen: Der Hering steht nicht, wie mancher Rundfisch, am Boden, sondern in Pfählen und Schwärmen, die sich am ehesten noch mit hohen, kaum jedoch mit im Frischfischfang bewährten breiten Netzöffnungen erwischen lassen.
Karl Keirat suchte Helmut Kämpf in seinem Büro auf und kam gleich zur Sache:
„Wie sind Ihre Erfahrungen mit der ‚Carl Kämpf' im Heringsfang?"
„Das brauchen Sie gar nicht erst zu versuchen, das läuft nicht. Mit diesen Netzen fangen Sie keinen Hering."
Der „Nordsee"-Inspektor ließ sich nicht so leicht entmutigen und klopfte bei Kollege Rudolf Nord an, der ihm den gleichen Rat gab wie der Reeder:
„Karl, laß das, es bringt nichts ..."
Kapitän Keirat begann, darüber nachzugrübeln, wie er die Öffnung der Schleppnetze so verstellen könnte, daß sich selbst der pfahlförmigste Heringsschwarm einfangen ließ. Dabei fielen ihm besagte Ottern ein, von denen er sich flugs vier Exemplare bei der Marine beschaffte.

Heckfänger „Bremerhaven" auf Fangreise. (Foto Wagner/Archiv DSM)

Nun galt es, die bislang für die Seefrostung von Kabeljau, Schellfisch und Rotbarsch ausgerüsteten Heckfänger auf Hering umzustellen. Sie erhielten je zwei fabrikneue Filetiermaschinen vom Typ Baader 33 für die Produktion von Heringslappen.
Ende Juli 1961 lief die „Bremerhaven" aus – nicht mit einem, nein, gleich mit zwei Kapitänen an Bord. Stammkapitän Hermann Lübkes hatte vordem noch nicht auf Hering gefischt.
„Ich werde selbstverständlich hinterher allein weitermachen", sagte er, „aber an den ersten Tagen will ich nur bei dir zuschauen, Karl."
Deswegen also mußte Karl Keirat diese Reise mitmachen, aber er tat es gern. Er sollte insgesamt zehn Tage an Bord bleiben.
Von den zehn verliefen die ersten beiden Tage unproduktiv, und das war sogar gewollt. Soviel Zeit brauchte der experimentierfreudige Inspektor, bis das Netz mit den Ottern so eingestellt war, wie er sich das vorher ausklamüsert hatte.
Auf dem Fangplatz östlich der Shetlands bei Sumburgh Head traf die „Bremerhaven" auf zwei weitere „Nordsee"-Trawler – auf die „Regensburg" unter Hermann Thoben, dem besten Heringsfänger der Flotte, und auf die „Bonn" unter Fritz Korte.
Bereits der erste Hol ließ Keirats Herz höher schlagen und das von Hermann Lübkes dazu.

„Es war ein wunderbarer großer Hering von absoluter Spitzenqualität", schwärmt Keirat in der Erinnerung.
Als die Netzeinstellung mit den Ottern erst einmal funktionierte, kam Keirat mit dem „Bremerhaven"-Team auf eine Tagesproduktion von zwanzig Tonnen Heringslappen, und die mußten, da gab es kein Vertun, gefrostet werden. Kapitän Keirat meldete dieses, wie er zu diesem Zeitpunkt blauäugig dachte, höchst erfreuliche Ergebnis telefonisch dem Einsatzleiter Ernst Tantzen in Cuxhaven, der die gute Nachricht jedoch mit hörbarer Zurückhaltung aufnahm. „Seegefrostete Heringslappen", dieser Begriff gefiel ihm ganz und gar nicht. Einen richtigen Dämpfer in seiner euphorischen Stimmung erhielt Keirat, als Tantzen am nächsten Mittag zurückrief.
„Der Chef hat mit der Industrie gesprochen. Die will keine seegefrosteten Heringslappen, sondern frische Ware. Hören Sie sofort auf mit der Heringsproduktion, und warten Sie neue Instruktionen ab!"
„Das kann ich nicht", antwortete Keirat. „Wir sind gerade mitten drin im Hering. Heute machen wir wieder über zwanzig Tonnen. Wir können uns nicht einfach treiben lassen, unsere Leute erklären mich doch für verrückt. Und außerdem – wozu haben wir eigentlich die Baader 33 installiert? Die hat viel Geld gekostet und muß sich amortisieren."
„Egal! Der Chef hat gesagt, Sie sollen aufhören!"
Der Chef, das war Marx-Henning Rheder, der Vorstandsvorsitzende „Nordsee" Deutsche Hochseefischerei, die damals noch den handelsrechtlichen Status einer Aktiengesellschaft besaß.
„Herr Tantzen, Sie können mir sagen, was Sie wollen: Wir fischen weiter..."
Noch am Abend des gleichen Tages griff Marx-Henning Rheder höchstpersönlich zum Telefonhörer und ließ sich mit der „Bremerhaven" bei den Shetlands verbinden.
„Herr Keirat, wir können die Ware, die Sie produzieren, nicht verkaufen, wir bleiben darauf sitzen! Sie müssen aufhören."
„Das geht nicht, Herr Rheder."
„Doch, Sie müssen aufhören. Am besten, Sie kommen zurück."
„Herr Rheder, wir haben Heringslappen und auch gekehlten und gefrosteten Rundhering aufgetaut, dann geräuchert oder gebraten. Ich kann Ihnen versichern: Einen so gut schmeckenden Bückling haben Sie noch nie gegessen."
„Trotzdem – die Industrie nimmt uns die Ware nicht ab."
„Dann müssen Sie mit den Leuten der Industrie noch einmal reden. Wir sind doch keine Dummköpfe, wir wissen, wie der Hering auszusehen und zu schmecken hat."
„Ich will's versuchen. Morgen Mittag hören Sie von mir. Bis dahin hören Sie auf zu fischen."

„Das kann ich nicht. Wir müssen mindestens an fünf aufeinander folgenden Tagen fischen, bis der Tunnel abgetaut wird. Dann müssen wir sowieso 24 Stunden Pause einlegen."

Den Gefriertunnel betrachtete Karl Keirat ohnehin als „letzten Schiet", weil der schon nach fünf Betriebstagen abgeschaltet, abgetaut und getrocknet werden mußte. Erst danach konnte er wieder angefahren werden.

Rheders Stimme klang beruhigend: „Ich merke schon, Sie sind mit Zorn geladen."

„Selbstverständlich bin ich das. Ich möchte am liebsten 30 oder 40 Tonnen am Tag produzieren, so wunderbar ist der Hering hier. Und dann kommen diese Querschüsse."

Auf der „Bremerhaven" ließ man sich von den Querschüssen aber nicht beeindrucken, sondern hielt dank der Ottern weiter Erfolgskurs.

Am nächsten Mittag war Rheder wieder am Telefon.

„Heute Nachmittag läuft die ‚Karlsruhe' aus und bringt Ihnen unseren Heringsexperten vorbei ..."

„Wen denn? Etwa Christel Staschen?"

„Genau den." Christel Staschen, ein schwergewichtiger, geselliger Mann, Geschäftsführer der „Nordsee"-Tochter „Fisch-ins-Land" und in der Tat ein ausgewiesener Heringsexperte, genoß in der Fischwirtschaft, zumal in der Bremerhavener, hohes Ansehen.

„Und der", fuhr Rheder fort, „wird Ihnen sagen, ob Sie weitermachen dürfen oder nicht. Bis dahin stellen Sie die Fischerei ein."

Keirat und Lübkes dachten nicht daran. Sie fischten munter weiter, wenn auch, wie Keirat dem Chef zu verstehen gab, „mit gebremstem Schaum".

Nach anderthalb Tagen traf die „Karlsruhe" auf dem Fangplatz ein, bei hohem Wellengang und mit einem schwer seekranken Christel Staschen. Von der „Karlsruhe" fierte man ihn an einem Tampen abwärts, auf der „Bremerhaven" zog man ihn ebenfalls mit einem Tampen an Deck, und bei dem schwierigen Manöver verlor der arme Kerl, grün und gelb im Gesicht und schwer um Atem ringend, zu seinem großen Pech auch noch die Zahnprothese. So konnte er nur noch mit schwacher Stimme und undeutlich krächzen:

„Sofort aufhören mit der Heringsproduktion."

Keirat ließ Staschen auf eine Bank legen und redete sanft auf ihn ein:

„Jetzt kurieren Sie erst einmal Ihre Seekrankheit aus. Heute Abend gibt es eine Heringsverkostung, und dann sehen wir weiter."

„Aber ich kann sowieso nichts essen ..."

„Abwarten."

Christel Staschen bezog mittschiffs eine Kammer und ruhte sich aus. Das Schaukeln konnte er auf der „Bremerhaven" viel besser ab als vorher auf der „Karlsruhe". Abends verspürte er schon wieder etwas Appetit. Bei der

Heringsverkostung in der Offiziersmesse langte er zaghaft zu, probierte die einstmals gefrosteten, danach aufgetauten und geräucherten Heringslappen, dazu Rundheringe gebraten und als Bücklinge. Sein Kommentar: „Solch einen Hering habe ich überhaupt noch nicht gegessen ..."
„Mit einem Wort: Er war begeistert", erinnert sich Keirat. „Aber er fragte im gleichen Atemzug, mit ein wenig Zittern in der Stimme, wie lange er wohl an Bord bleiben müsse. Ich sagte ihm: Solange, bis Sie den Chef überzeugt haben, daß die gefrosteten Heringslappen von absoluter Spitzenqualität sind und daß wir weiterfischen dürfen."
Christel Staschen versprach's und tat's. Zunächst aber schaute er bei der Produktion zu. Seine Aufmerksamkeit galt vornehmlich den ersten Heringsmaschinen im Bordbetrieb, den auf dieser Reise noch ein Ingenieur von Baader überwachte. Er zeigte sich sowohl von der Qualität des Herings als auch von der sauberen Verarbeitung stark beeindruckt.
Staschen sprach mit Rheder, Rheder sprach mit der Industrie. Die ließ sich schließlich von dem Argument des anerkannten, zur Zeit fern im Nordmeer befindlichen Experten überzeugen, daß die gefrosteten Heringslappen qualitativ sogar jenen Heringen überlegen waren, die sie gemeinhin aus Dänemark oder in den Auktionshallen einkaufte.
Christel Staschen stieg auf den nächsten „Nordsee"-Trawler über, der sich auf der Heimreise befand, Karl Keirat folgte ihm einige Tage später. Und Hermann Lübkes hatte genug gelernt, um die Heringsfischerei bei den Shetlands erfolgreich weiterführen zu können.
Mit dem Segen von Marx-Henning Rheder. Die Produktion von tiefgefrorenen Heringslappen auf Fangfabrikschiffen der deutschen Hochseefischerei konnte endlich anlaufen

Kapitän Karl Keirat.

BIOGRAPHISCHES
Karl Keirat erblickte am 26. Juli 1924 in Kublischken in Ostpreußen das Licht der Welt. Daß er Seemann werden wollte, stand für ihn schon gegen Ende der Schulzeit fest. Um die Vorbedingung dafür, ein Patent erwerben zu können, zu erfüllen, absolvierte er eine zwanzigmonatige Fahrtzeit auf einem Segelschiff, einem Dreimastschoner aus Stralsund. Nach Kriegsbeginn wurde er von der Marine dienstverpflichtet und fuhr auf Truppentransportern und auf Kriegshilfsschiffen vor Norwegen und in der Ostsee. Von 1942 bis Kriegsende diente er bei der

Kriegmarine und nahm auf Küstenschnell- und Minensuchbooten an zahlreichen Einsätzen in der östlichen Ostsee von Riga bis Kronstad teil. Nicht als Kriegsgefangenen, sondern als Internierten entließen ihn die Engländer im Oktober 1945. Im Januar 1946 heuerte er bei der „Nordsee" in Cuxhaven als Matrose auf einem Fischdampfer an. 1949 erwarb er in Cuxhaven sein Steuermanns-, 1951 in Bremerhaven das Kapitänspatent. Von 1952 bis 1957 fuhr er als Kapitän bei seiner Reederei, die ihn danach zum Leiter der Decksinspektion in Bremerhaven berief. Allerdings hatte sich Keirat ausbedungen, zwei bis drei Reisen im Jahr als Kapitän ausführen zu dürfen, vor allem um neue Fangtechniken zu testen.

Den Höhepunkt seiner Karriere erreichte Keirat, als er 1968 in Cuxhaven die Leitung der Nautischen Abteilung der „Nordsee" übernahm und in dieser Eigenschaft für die Fangtechnik, die Ausrüstung der Flotte, die nautische Ausstattung, die Pierinspektion und für alle Auslandsaktivitäten verantwortlich war. Auch bei der Zusammenführung von Reedereien 1968/69 unter dem „Nordsee"-Dach, so der Reedereien Pust, Kämpf, der Norddeutschen Hochseefischerei, der Kieler Hochseefischerei und nach dem Tode von Robert Ahlf auch der Cuxhavener Hochseefischerei, führte er Regie. Später, als Fangbeschränkungen und Quoten in den traditionellen Fanggebieten wirksam geworden waren, engagierte er sich weltweit in der Suche nach Alternativen, vor allem nach einem Substitut für den Kabeljau, das er im Seehecht fand, und unternahm Versuchsreisen von Südafrika bis Süd- und Mittelamerika. 1987 trat Karl Keirat in den Ruhestand.

Bei Lulus schönen Töchtern

Wer über die Frage nachgrübelt, ob das "Wirtschaftswunder" in den fünfziger Jahren die deutsche Hochseefischerei in ähnlicher Weise aufblühen ließ wie die Automobilindustrie oder andere Wirtschaftszweige, dürfte nicht so leicht eine schlüssige Antwort finden. Das Fangglück und damit der wirtschaftliche Erfolg waren an allzu viele Unwägbarkeiten geknüpft. Anhaltende Stürme in den Fanggebieten oder fallende Preise in der Fischauktion konnten den Seeleuten und den Reedern gleichermaßen schnell die Laune verderben. Historisch belegt ist jedoch, daß bei den Fischdampferreedereien in dieser Zeit allenthalben Aufbruchstimmung herrschte.

Der legendäre Cuxhavener Reeder Robert Ahlf brauchte sich von diesem grassierenden Bazillus erst gar nicht anstecken zu lassen. Er war Unternehmer durch und durch und resignierte nicht einmal, als er – vorher unumstrittener Wirtschaftskapitän in seiner Stadt – nach Kriegsende das Kommando über die "Nordsee"-Flotte abgeben mußte, weil er allzu eng mit den braunen Machthabern paktiert hatte, auch wohl paktieren mußte. Die Verhältnisse im "Tausendjährigen Reich" waren nun einmal so.

Wie es eine für ihn glückliche Fügung so gewollt hatte: Der bei der "Nord-

Reeder Robert Ahlf (2. von links, 1957 auf der Brücke der "Salzburg").

Fischdampfer „Sachsen". (Foto Jansen/W. Fuchs, Hamburg)

see" geschaßte Robert Ahlf hielt 51 Prozent der Anteile an der Danziger Heringsfischerei, die in den letzten Kriegsmonaten, als die Front im Osten immer näherrückte und die Katastrophe sich längst abzeichnete, ihren Sitz nach Cuxhaven verlegt hatte. Mit dieser Trumpfkarte in der Hinterhand konnte sich Ahlf, damals ein Mittfünfziger, seinen zweiten Lebenstraum erfüllen – den Aufbau seiner eigenen Reederei, der Cuxhavener Hochseefischerei GmbH.
Eine wichtige Wegmarke war für das junge Unternehmen im April 1950 erreicht: Mit der „Sachsen" stellte Ahlf einen für die damalige Zeit hochmodernen und leistungsfähigen Trawler in Dienst. Er vertraute das Kommando seinem „Spitzenkapitän" Karl Meyer an und tat recht damit. Die „Sachsen" kehrte von ihren Reisen mit reichen Fängen zurück und erzielte mit der Ware in der Cuxhavener Fischauktion hohe Erlöse, die wie auch die Erfolge der anderen Schiffe es dem Reeder ermöglichten, seine Flotte kontinuierlich auszubauen und 1953 sogar die drei Schiffe der Bremerhavener Reederei H. Siebert & Co. zu kaufen – die „Frankfurt/Main" (dieser in Glasgow gebaute Fischdampfer hieß vordem „Winston Spencer Churchill" und war in Ostende beheimatet), die „Franz Westermann" (später in „Pommern" umbenannt) und die „Saarland" (danach „Preußen"). Als Robert Ahlf 1968 im Alter von 72 Jahren plötzlich starb und der Fischereiplatz Cuxhaven mit ihm einen bedeutenden, bis in seine letzten Tage dynamischen Unternehmer verlor, fuhren bereits 15 Trawler unter der Schornsteinmarke der Cuxhavener Hochseefischerei, darunter der erste Heckfän-

ger. Die „Sachsen" aber war ins zweite, womöglich sogar ins dritte Glied gerückt.

Im Juli 1963 stand der in die Jahre gekommene Fischdampfer, bei objektiver Betrachtung eigentlich nur seine Decksbesatzung, im Brennpunkt eines Geschehens, an das sich Karl-Heinz Bröhl, als Personalleiter des Seebetriebes so etwas wie Heuerbaas der Reederei, mit Grausen, aber auch mit Schmunzeln zurückerinnert. Die Ereignisse, die sich damals abgespielt haben und auf die noch zurückzukommen sein wird, lassen sich nur verstehen, wenn man die Entwicklung bedenkt, die sich nach 1950 in der Hochseefischerei vollzogen hatte und die sich noch fortsetzen sollte: In den Zeiten der Vollbeschäftigung mußten die Reedereien insbesondere auf den älteren Fischdampfern wie eben der „Sachsen" Leute annehmen, die sich nicht unbedingt als hochmotiviert und zuverlässig erwiesen, dafür als um so vergnügungssüchtiger und trinkfreudiger, oft nicht einmal als trinkfest, dafür jedoch als ausdauernd bei ihren Aufenthalten in den Hafenkneipen. Solche Verhältnisse waren 1950, im Jahr, als die „Sachsen" ihre ersten Fangreisen absolvierte, noch gar nicht absehbar: Die Besatzung bestand vom Kapitän bis zum Leichtmatrosen nur aus ausgewählten, arbeitswilligen seemännischen Mitarbeitern. Einsatzbereitschaft, Pünktlichkeit und Teamgeist waren für jeden einzelnen ein Muß, jeder sagte „mein Schiff", wenn die Rede auf die „Sachsen" kam. Und so ging der Seemann auch mit „seinem Schiff" um, ganz gleich ob auf der Brücke, an Deck oder in der Maschine. Niemand in den Reedereikontoren konnte sich damals vorstellen, daß sich in den nächsten zwölf bis fünfzehn Jahren vieles, was die Arbeitsmoral der Besatzungen anbetraf, verändern sollte, leider zum Negativen.

Die Ursachen für diese unerfreuliche Entwicklung lassen sich leicht auf einen Nenner bringen: Die Flotte wuchs ständig, das seemännische Personal hingegen wurde mehr und mehr zur Mangelware. Die Situation verschärfte sich noch, als viele einen Landjob der harten Arbeit auf See vorzogen, die mit weiteren Nachteilen wie der wochen- und später monatelangen Abwesenheit von der Familie behaftet war. So blieb es nicht aus, daß die Schiffe der Jahrgänge 1949 und 1950 kaum noch „gefragt" waren. Auf den modernen Trawlern lockten die besseren Verdienstmöglichkeiten, aber auch die besseren Arbeitsbedingungen. So brauchte ab Mitte der fünfziger Jahre die Decksbesatzung auf manchem Schiff nicht mehr vorne unter der Back zu wohnen. Weil sich die Unterkünfte fortan im Achterschiff befanden, ergab sich für die Männer eine weitere Annehmlichkeit: Sie mußten die Mahlzeiten nicht länger bei Wind und Wetter über das offene Deck zum Vorschiff balancieren und dabei manchmal Kopf und Kragen riskieren. Auf diesen Schiffen lag die Mannschaftsmesse unmittelbar neben „Smutjes Reich", der Kombüse.

Der entscheidende Grund dafür, daß es auf den alten Fischdampfern nicht mehr so lief wie dereinst, war jedoch in der – betriebswirtschaftlich allerdings vernünftigen – Personalpolitik festzumachen: Die Reedereien vertrauten ihre modernsten Trawler den erfolgreichsten Kapitänen an, und die wiederum nahmen „ihre" besten Leute mit. Die einstige „Sachsen"-Besatzung wechselte mit ihrem Käpt'n Meyer nacheinander auf die neueren Seitenfänger „Westfalen" und „Thüringen" und landete schließlich auf dem ersten Cuxhavener Heckfänger, der „Hessen".

Auf der „Sachsen" hatten inzwischen mehrere Kapitäne einander die Hand gegeben. Der häufige Wechsel führte nicht gerade zu Beständigkeit. Manchmal mußte sich Karl-Heinz Bröhl mächtig abstrampeln, bevor er es endlich geschafft hatte, die Mannschaft bis zum Auslauftermin zu komplettieren, oftmals zu Lasten der Qualität. Bei dem ominösen Geschehen im Juli 1963 stand er vor einer anderen, fast schon paradoxen Situation: Die zehnköpfige Decksbesatzung war zwar nach der Musterrolle vollständig vorhanden, aber sie war – ebenfalls vollständig – einfach nicht anwesend, als das Schiff an einem Werktag um 15 Uhr auslaufen sollte. Dabei würde auf dieser Reise mit Wilhelm Müller ein erfahrener und umsichtiger Kapitän auf der Brücke stehen.

Auslaufen um 15 Uhr, das war schon ein Fehler, und Bröhl hatte diesem Termin trotz böser Erfahrungen sogar selbst zugestimmt. Nachmittags – eine schlechte Zeit für Sailors mit den ewig ausgetrockneten Kehlen. Noch verheerender wäre es gewesen, wenn die Reederei die Auslaufzeit auf einen Sonntag gelegt hätten, zu allem Überfluß noch auf den Nachmittag. Bei solchem Termin hätte der Heuerbaas vor der schier unlösbaren Aufgabe gestanden, für Ausfälle in letzter Minute noch Ersatz zu finden. Karl-Heinz Bröhl kannte eben seine Pappenheimer, die fröhlichen Zecher. Sie hielten durch bis zum frühen Morgen, erschienen dann leicht schwankend, aber rechtzeitig an Bord. Nicht selten hatten sie sich tags zuvor noch einen Vorschuß auszahlen lassen, und die Reedereien willigten meist zähneknirschend ein, wenn ihnen wieder einmal die Pistole auf die Brust gesetzt wurde: „Schuß oder Schluß!" Bei einem „No" wäre kurz vor dem Auslaufen unweigerlich der „gelbe Schein" im Reedereikontor gelandet, die vom Arzt bestätigte Krankmeldung.

Zu der damaligen Decksbesatzung der „Sachsen" hatte Bröhl sogar Vertrauen, wohl ein zu großes, wie sich bald zeigen sollte.

„Das waren alles junge, ungestüme Burschen", erinnert er sich noch Jahrzehnte später. Wie immer hatten sie einen Vorschuß verlangt. Das hätte zu denken geben müssen.

Bereits seit 13 Uhr wärmten der Chief und seine Mitarbeiter die Maschine an, übernahm die Kombüsencrew den Proviant. Spätestens ab 14 Uhr befanden sich Kapitän Müller und die nautischen Offiziere an Bord. Aber die

Taxis mit der restlichen „Sachsen"-Crew waren auch kurz nach 15 Uhr weit und breit nicht sichtbar. Noch schwante Karl-Heinz Bröhl nichts Böses.
Als sich immer noch nichts rührte, erhielt ein mit der Hafen- und Kneipenszene vertrauter Taxifahrer den Auftrag, nach den „Vermißten" zu suchen. Er wußte sofort wo und wurde auch fündig – „Bei Lulu", einem nicht nur wegen der schönen Tochter der Wirtin beliebten Aufenthaltsort. Tatsächlich: Alle zehn „Sachsen" saßen in feuchtfröhlicher Runde beisammen. Aber den „Schuß" hatten sie offenbar noch nicht völlig versoffen. Selbstverständlich würden sie an Bord kommen, erklärten sie mit treuherzigem Augenaufschlag. Aber ganz so weit wären sie noch nicht. Man möge noch etwas Geduld haben.
Als sich nach einer weiteren Stunde noch immer niemand sehen ließ, schickte Karl-Heinz Bröhl den kneipenkundigen Taxifahrer ein zweites Mal zu „Lulu". Er kam mit der Nachricht zurück, daß nun aber wirklich mit der alsbaldigen Ankunft der fröhlichen Zehn zu rechnen sei. Was er nicht wissen konnte: Die Decksbesatzung hatte inzwischen einen Plan geschmiedet.
Karl-Heinz Bröhl trippelte längst von einem Fuß auf den anderen, als unerwartet ein anderer Taxifahrer vorfuhr und an der Gangway ausdrücklich nach ihm fragte. Im Auftrage der zehn Überfälligen überreichte er dem Personalchef eine geschmackvoll bepflanzte Blumenschale und eine schriftliche Nachricht, die dem Sinne nach so lautete:
„Hallo Herr Bröhl. Seien Sie bitte nicht böse auf uns. Wir haben beschlossen, diesen vergnüglichen Nachmittag nicht einfach so abzubrechen. Wir erscheinen morgen früh um acht pünktlich zum Auslaufen an Bord. Das ist unser Ehrenwort."
Der Heuerbaas unternahm gar nicht erst einen weiteren Anlauf, um die Männer zu einem Sinneswandel zu bewegen. Er war verärgert. Noch vergrätzter waren die anderen zehn Besatzungsmitglieder, die pünktlich ihre Arbeit aufgenommen hatten. Nur die wenigen, die in Cuxhaven wohnten, konnten sich damit trösten, daß sie eine weitere Nacht daheim verbringen durften. Für die anderen fielen nicht eingeplante Fahrt- oder gar Hotelkosten an.
Karl-Heinz Bröhl stand nun vor der diffizilen Aufgabe, seinen Reeder Robert Ahlf, dessen Prellbock er ohnehin war, über diesen Vorfall unterrichten zu müssen. Ahlf reagierte, wie bei ihm nicht anders zu erwarten, ziemlich barsch:
„Stellen Sie beim Seemannsamt Strafantrag gegen die Leute."
In der Tat hatten die Zehn gegen das Seemannsgesetz verstoßen; es war eine Ordnungswidrigkeit zu ahnden. Darüber hinaus drohte Ahlf im ersten Zorn Schadenersatzansprüche wegen der entgangenen Einsatzzeit des Schiffes an. Vor allem aber: Sofort nach Ende der Fangreise hätten sich die zehn Sünder bei ihm im Büro einzufinden.

Am Morgen erschienen alle zwanzig Besatzungsmitglieder an Bord, sogar pünktlich.

„Gesenkten Blickes fragten meine Helden vom Vortag nach den Konsequenzen ihres Verhaltens", erzählt Bröhl.

Um keine unnötige Unruhe aufkommen zu lassen, teilte er ihnen lediglich die „Vorladung" zum Chef mit und daß ein Strafantrag beim Seemannsamt gestellt werden müßte. Von der möglichen Schadenersatzforderung erwähnte er vorsichtshalber nichts.

Drei Wochen später: Die „Sachsen" war von ihrer Fangreise zurückgekehrt.

Bröhl: „Noch am Markttag um zehn Uhr mußten meine zehn Sünder bei ihrem Reeder Robert Ahlf zum Rapport antraben."

Er war Zeuge, wie sie zögernd auf den schweren Ledersesseln und Sofas im Direktionszimmer Platz nahmen.

„Warum haben Sie das gemacht? Oder wissen Sie etwa nicht, welche Konsequenzen dieser Unfug haben muß?"

Auf diese Fragen war der Sprecher der Gruppe vorbereitet. Er setzte zu einer kleinen Rede an:

„Herr Ahlf, Sie wissen sicher auch, wie schön gemeinsame Feiern sind. Eigentlich sind wir erst dadurch, daß uns der Taxifahrer mehrmals die Aufforderung überbrachte, zum Auslaufen zu erscheinen, auf diesen dummen Gedanken gekommen. Wir fühlten uns ja auch stark, denn wir wußten: Herr Bröhl hat keine Ersatzleute für uns, er ist auf uns angewiesen. Weil er selbst der eigentlich Betroffene war, der als erster die Prügel abbekommen würde, haben wir ihm die Blumenschale geschickt."

Der Auftritt der reuigen Sünder zeigte Wirkung. Reeder Ahlf, sonst nicht gerade zu sentimentalen Gefühlen neigend, ließ seine Schadenersatzforderung fallen. Die pekuniären Folgen des Verstoßes gegen das Seemannsgesetz ließen sich ertragen: Das Seemannsamt belegte jeden der Zehn mit einer Geldbuße von fünfzig Mark zugunsten der Deutschen Gesellschaft zur Rettung Schiffbrüchiger.

Mit dem Versprechen, daß so etwas nie wieder vorkommen würde, verließen die zehn jungen Wilden das Reedereikontor. Sie fuhren dann noch gemeinsam weiter auf FD „Sachsen". Irgendwann jedoch zerstreute sich die Crew. Ihr Schiff wurde endgültig zur Durchlaufstation.

NACHTRAG

Mehrere Jahre noch lächelte der Deutschen Fisch-Fang-Union in Cuxhaven die Sonne des wirtschaftlichen Erfolges. Vor allem ihre Fangfabrikschiffe erzielten in der Frostfischproduktion gewinnbringende Ergebnisse, und selbst die Frischfischtrawler fuhren ihre Kosten ein. Ab 1990 jedoch zogen dunkle Wolken am Horizont der Reederei auf.

Der erste Schicksalschlag traf sie noch im gleichen Jahr: Das Fangfabrikschiff „Mainz" brannte im Hafen von Cuxhaven völlig aus – Totalverlust. Im Jahr darauf mußte die DFFU die überalterten Frischfischtrawler „Köln" und „Saarbrücken" aus der Fahrt nehmen. Damit die Flottenstruktur erhalten blieb, kaufte sie als Ersatz aus Bremerhaven die beiden Frischfischtrawler „Bürgermeister Smidt" und „Geestemünde". Doch schon 1993 kam das Aus auch für diese beiden Schiffe. Unbefriedigende Fangmengen und mäßige Auktionsergebnisse – die Preise waren gerade in den Keller gepurzelt – ließen ihren Einsatz aus betriebswirtschaftlichen Erwägungen nicht mehr zu. Das gleiche Schicksal ereilte die „Bonn", die 1986 als „Sonne" von der Hochseefischerei Nordstern AG in Bremerhaven zur DFFU gekommen war. Die angespannte Lage machte sogar den Verkauf des Fangfabrikschiffes „Hannover" erforderlich. Mit dem Abgang der sieben Schiffe verloren rund 270 Seeleute den Arbeitsplatz. Diesen Verlust machten jedoch großzügig ausgestattete Sozialpläne einigermaßen erträglich. Als die Flotte auf gerade noch vier Schiffe geschrumpft war, mußte auch die Reedereiverwaltung abspecken. Für Karl-Heinz Bröhl bedeutete das: Der Zeitzeuge der Geschichte der Hochseefischerei über fast ein halbes Jahrhundert ging 62jährig in den Ruhestand.

Schiffsbiographie

Fischdampfer „Sachsen" wurde im Jahre 1950 bei der AG „Weser", Werk Seebeck, in Bremerhaven als kohlebefeuertes Dampfschiff für die Cuxhavener Hochseefischerei GmbH gebaut. Der Seitenfänger vermaß mit 570 BRT, die Maschine leistete 1000 PS, das Fischraumfassungsvermögen betrug 5200 Korb (Zentner), die Besatzung bestand aus 23 Mann. Von 1950 bis 1954 gehörte die „Sachsen" zu den erfolgreichsten Trawlern der deutschen Flotte. Bevor die Cuxhavener Hochseefischerei an die „Nordsee" ging, nahm sie das Schiff noch 1969 aus der Fahrt und verkaufte es zum Abwracken nach Hamburg.

Quellen

Karl-Heinz Bröhl wurde am 2. Mai 1933 in Kiel geboren und erlernte den Beruf eines Reedereikaufmannes. Von 1953 bis 1970 war er als Personalleiter des Seebetriebes bei der Cuxhavener Hochseefischerei tätig, die nach dem plötzlichen Tod des Reeders Robert Ahlf im Jahre 1968 von der „Nordsee" Deutsche Hochseefischerei AG übernommen wurde. Für die größte deutsche, später in eine GmbH umgewandelte Trawlerreederei arbeitete er noch weitere 16 Jahre bis zum 31. Dezember 1985, jenem historisch bedeutsamen Tag, an dem sich die „Nordsee" endgültig aus der Hochseefischerei zurückzog. Danach war Bröhl noch einmal fast zehn Jahre bis 1995 für die Deutsche Fisch-Fang-Union (DFFU) aktiv,

die die modernen Fangfabrikschiffe der „Nordsee" gekauft hatte und sie weltweit zu Fangplätzen ausschickte. Die DFFU, inzwischen in isländischem Besitz, betreibt die Hochseefischerei auch heute noch von Cuxhaven aus.
Dr. Werner Beckmann, Bremerhaven.

Ein guter Hol. (Archiv DSM)

Moritz mit der Ballonmütze

Am 26. April 1962, die Uhr zeigte fünfundvierzig Minuten nach Mitternacht, blies auf dem Fangplatz Vikurall nordwestlich von Island eine mäßige Brise in Stärken drei bis vier aus Ostsüdost. Die See war nur leicht bewegt. Bestes Wetter für ein angenehmes Fischen nach dem in deutschen Küchen so begehrten Rotbarsch.
Auf dem Bremerhavener Fischdampfer „Mosel", einem Seitenfänger der Reederei Carl Kämpf & Co., erhellten Kabellampen die nächtliche Szenerie. Gerade hatten die Männer aus 350 Meter Wassertiefe ein weiteres Hol an Deck gehievt. Es war nicht einmal ein besonders praller Büdel. Vielleicht zwanzig Zentner, taxierte der Alte mit seinem geschulten Auge. Aber diese zwanzig Zentner sollten es in sich haben.
Der Alte, Hans-Georg Holländer, mit seinen 28 Jahren in Wirklichkeit noch ein junger Kapitän, beobachtete wie stets von der Brücke durch das offene Fenster die Arbeiten auf dem Vordeck.
Da! Plötzlich! Wie von Furien gehetzt stoben die Männer auseinander, rannten schreiend in wilder Panik in alle Richtungen und versuchten sich zu verstecken. Und Holländer? Er glaubte seinen Augen nicht zu trauen. So kannte er seine Besatzungsmitglieder gar nicht.
Auf dem Arbeitsdeck war keine Menschenseele mehr zu sehen. Statt dessen ließ sich ein fürchterliches Gebrüll vernehmen.
„Um Himmels willen, was ist los?" schrie der Alte.
„Käpt'n, wir haben ein Untier an Bord ..."
Da sah Holländer es auch schon, dieses Ungeheuer. Eine riesige Robbe saß gefangen im Netzbeutel mitten zwischen zappelndem Rotbarsch, brüllte vor Wut und Angst und gebärdete sich, als wollte sie jedem, der ihr zu nahe kam, den Garaus machen.
Hans-Georg Holländer hatte in seiner Fahrenszeit schon vor manchem Problem gestanden, aber vor einem solchen schwergewichtigen noch nie. Eines war von vornherein klar: So einfach über Bord befördern ließ sich die Riesenrobbe auf keinen Fall. Die Reling hätte sich als unüberwindliches Hindernis erwiesen.
Inzwischen waren die Männer zaghaft aus ihren Verstecken hervorgekommen.
„Hiev mal 'n beeten höher", befahl der Alte dem Matrosen an der Winde. Seine Überlegung war, daß sich der ungebetene Gast womöglich auf den Ochsenfellen am Netzsteert zur Backbordseite schieben ließ. Das Arbeitsdeck an Steuerbord mußte schließlich so schnell wie möglich wieder robbenfrei werden, damit die Besatzung den diesmal spärlichen Fang endlich verarbeiten und in den Fischraum befördern konnte. Danach wollte man

das Schleppnetz erneut ausbringen. Gerade in der Hochseefischerei gilt die alte Weisheit: Time is money.

Der Anblick der Robbe, die nach und nach zum Vorschein kam, war in der Tat respekteinflößend, ihr Gebrüll furchterregend. Holländer taxierte ihr Gewicht auf sieben Zentner. Äußerst lebendige sieben Zentner und völlig unversehrt – bis auf eine handtellergroße, bereits vernarbte Wunde an der rechten Rückenseite, die sie sich offenbar vor längerer Zeit bei einem Kampf mit einem Artgenossen zugezogen hatte. Das Tier mußte in der Endphase des Einholmanövers ins Netz geraten sein. Wäre ihm das Mißgeschick beim Aussetzen widerfahren, hätte es nicht überlebt. In so großer Wassertiefe wäre der Meeresbewohner, so seltsam es klingen mag, schlichtweg erstickt und ertrunken.

Die Robbe, kaum daß sie sich aus dem Rotbarschgewimmel herausgearbeitet hatte, schnappte sich den Netzsteert, biß hinein und schlug ihn sich selbst links und rechts um die Ohren. Keiner traute sich, den Steert wieder zu verschließen. Obwohl die Zeit doch so sehr drängte.

Der Alte war inzwischen von der Brücke heruntergekommen. Er gab die Anweisung, zwei Lassos zu schlingen und eines um den Oberkörper, das andere um den Schwanz zu legen. Er packte selbst mit an, um die Robbe – wie sich später herausstellte: eine ausgewachsene Klappmütze – auf die Backbordseite zu ziehen und so das Netz freizubekommen. Vergeblich: Die Seile rutschten vom glitschigen Fell ab.

Die Klappmütze wurde von Minute zu Minute vergrellter. Wenn einer es wagte, sich ihr von hinten zu nähern, riß sie ihren Schwanz hoch und warf sich jäh herum. Die Mütze auf dem Schädel, der sie ihren Namen verdankt, sah längst aus wie ein kugelrunder Ball, das sicherste Zeichen für äußerste Erregung. Immer wieder mußten die Männer ihr Heil in der Flucht suchen.

Die Matrosen faßten jedoch nach jedem fehlgeschlagenen Versuch wieder Mut und unternahmen neue Anläufe, um die Robbe mit Netzen und Bootshaken zur Seite zu schieben oder zu ziehen. Alles nützte nichts: Die Dame – oder war's ein Männchen, wie der Erste Steuermann meinte, und er sollte damit recht behalten – wog zu viel, und ihre Kampfbereitschaft wollte einfach nicht erlahmen.

Schließlich gelang es doch: Die Männer schoben ein Netzteil unter den mächtigen Körper und zogen die Klappmütze mit vereinten Kräften unter der Kurrleine hindurch auf die Backbordseite. Da lag sie nun – halb eingewickelt.

Von diesem Augenblick an gab es für Holländer kein Wenn und Aber mehr.

„Die nehmen wir mit nach Hause und bieten sie den Tiergrotten in Bremerhaven oder Hagenbeck in Hamburg an."

Klappmütze Moritz an Deck der „Mosel".
(Foto Nordsee-Zeitung)

Er rief den Maschinisten an Deck und beauftragte ihn, eine Lösung zu finden, wie man die Robbe sicher einsperren könne, sicher für das Tier, sicher aber auch für die Besatzung, die ihren höllischen Respekt vor dem „Untier" längst noch nicht abgelegt hatte. Aus gutem Grund: Die Robbe schnappte nach allem, was sich bewegte und ihr vor die Zähne kam.
Der Maschinist ließ zwei Querschotten, zwei Längsschotten und noch einmal zwei Querschotten herausnehmen und daraus eine Art Robbenstall bauen. An der Reling schweißte er Stäbe fest, über die er ein Netzteil spannen ließ.
Das Netzteil allerdings nicht sogleich. Da hatte er die Gelenkigkeit der Robbe aber unterschätzt. Kaum hatten die Männer sie aus den Augen gelassen, büxte sie aus ihrem Verschlag aus und bezog Position auf der Fischluke, sich kampfeslustig auf die Vorderflossen stützend, und brüllte den 1. Steuermann Erich Krüger an, als er sich, nur ihr Wohl im Sinne, um sie kümmern wollte. Mit viel Mühe gelang es, das Tier wieder in sein Séparée zu bugsieren.

Fortan war das Ungeheuer von vorhin ein Begleiter für zehn Tage, liebevoll umhegt und umsorgt von der Besatzung. Erich Krüger hatte die Klappmütze ganz besonders in sein Seemannsherz geschlossen. Er war es, der ihr den Namen gab, und der war, wenn auch zunächst auf Verdacht, ein männlicher – Moritz.

Hans-Georg Holländer hatte mittlerweile mit seinem Reeder telefoniert. Helmut Kämpf nahm den gleichen Standpunkt ein wie vorher unisono die Männer auf der „Mosel".

„Bringen Sie die Robbe mit nach Bremerhaven. Ich spreche mit den Tiergrotten und mit Hagenbeck."

Das Leben – will heißen: die Knochenarbeit rund um die Uhr – nahm auf dem Fischdampfer wieder den gewohnten Gang. Die Männer schufteten wie immer zu elfen beim Waschen und Schlachten der Fische auf dem Vordeck, zuckten wie immer jedesmal zusammen, wenn sie aus Unachtsamkeit der Robbe zu nahe kamen und von ihr mit wildem Gebrüll zur Raison gebracht wurden.

Moritz fügte sich ganz allmählich in sein Schicksal. Futter nahm er anfangs nicht an, obwohl Erich Krüger ihm nur Leckerbissen servierte – grätenfreies Filet der verschiedensten Sorten. Nach drei Tagen kostete die Robbe zum erstenmal und erwies sich sogleich als Feinschmecker. Rotbarsch rührte sie nicht an, fraß nur Filet von fangfrischem Kabeljau.

Richtig zu genießen schien sie es, wenn die Männer sie alle paar Stunden mit dem Wasserschlauch abspritzten. Dafür fanden sie immer noch Zeit, selbst wenn sie beim Fischen und Schlachten waren. Sechs Tage lang hievten sie noch Hol um Hol aufs Deck, vier Tage dauerte anschließend die Heimreise.

Unterdessen hatte Reeder Helmut Kämpf in Bremerhaven häufig zum Telefonhörer gegriffen. Er sprach mit Dr. Kurt Ehlers von den Tiergrotten in Bremerhaven, der zu seinem Bedauern abwinken mußte: Er beherbergte bereits eine quicklebendige Klappmützendame namens „Anette", die der Bremerhavener Fischdampfer „Hermann Krause" im Sommer 1961 von einer Fangreise mitgebracht hatte.

Professor Dr. Bernhard Grzimek vom Frankfurter Zoo wollte „Moritz" sofort nehmen und bot sogar mehr als Hagenbeck. Trotzdem entschied sich Kämpf für den Hamburger Tierpark.

Als die „Mosel" am 7. Mai 1962 durch die Bremerhavener Doppelschleuse verholte und an der Halle X festmachte, wartete auf der Pier schon Junior Dietrich Hagenbeck mit einigen Helfern, einer Giraffentransportkiste und einem Lkw. Als Experten, für die der Umgang selbst mit den wildesten und gefährlichsten Tieren zum Berufsalltag gehört, schafften sie es in kürzester Zeit, Klappmütze „Moritz" zu verladen und mit nach Hamburg in den Tierpark zu nehmen. Vor allem für Erich Krüger war es kein leichter, ein

Fiete, ex Moritz, in Hagenbecks Tierpark.

viel zu plötzlicher Abschied. Krüger und „Moritz" hatten gerade damit begonnen, sich aneinander zu gewöhnen.
Trotz des schwierigen Gastes auf der Backbordseite hatte die „Mosel" noch eine durchschnittliche Fangreise hingelegt. Die Löschgangs luden zum Markttag am 8. Mai 3353 Zentner aus, von denen allerdings gut die Hälfte unverkauft in der Auktion stehen blieb und in die Fischmehlfabriken wanderte.
„Es waren in jenen Jahren noch sehr viele deutsche Trawler im Einsatz", erinnert sich Hans-Georg Holländer. „In den warmen Monaten von Mai bis August konnte der Markt solche Mengen, wie sie damals angelandet wurden, nicht aufnehmen."
Besatzung und Reeder mußten sich mit einem Erlös von mageren 66 000 DM zufriedengeben.
Hagenbeck aber zahlte für Moritz 2000 DM. Wenigstens ein kleines Zubrot als Entgelt für all die Aufregungen.
Moritz verlor im Stellinger Tierpark als erstes seinen Namen: Die Hagenbecks tauften ihn hamburgisch auf „Fiete". Die Klappmütze sollte jedoch nur noch ein kurzes Leben vor sich haben: Es endete bereits am 22. Mai 1963. Hans-Georg Holländer, so glaubt er sich zu erinnern, war damals zu Ohren gekommen, Fiete alias Moritz sei an einem Tennisball erstickt, den ihm ein unvernünftiger Besucher zugeworfen hatte.
Das aber konnte bei Hagenbeck niemand mehr bestätigen. Es ist ja schon so lange her.

NACHTRAG

Die Hamburger Zoologin Dr. Erna Mohr hat sich über viele Jahre mit der Klappmütze (Cystophora cristata) wissenschaftlich beschäftigt, vornehmlich jedoch mit jenen Exemplaren, die deutschen Hochseefischern ins Netz gingen, explizit mit „Fiete". Ihre Aufmerksamkeit als Forscherin widmete sie damit einer nordatlantischen Riesenrobbe, deren Erstlingsfell, das Blueback, im Pelzhandel hoch begehrt war und die daher jahrelang so stark bejagt wurde, daß ihre Gattung nahezu vor dem Aussterben stand.

Tagelang, über viele Monate beobachtete sie „Fiete" im Tierpark Hagenbeck und studierte sein Verhalten. Der vom Bremerhavener Trawler „Mosel" auf Position 66° 5' N, 26° 16' W in der Dänemark-Straße gefangene „Haubenkerl", wie Erna Mohr ihn liebevoll nannte, lebte gemeinsam mit einem jungen Seehund und einer gleichfalls jungen Kegelrobbe in einem Schwimmbecken. In ihrem Übermut sorgten die beiden Kleinen unentwegt dafür, daß „Fiete" nicht einrosten konnte. Manchmal provozierten sie ihn so nachhaltig und frech, daß er sich mit Scheinangriffen zur Wehr setzen mußte.

In den Zoologischen Gärten gehören Klappmützen nach wie vor zu den Raritäten, nicht zuletzt wegen ihrer geringen Lebenserwartung in der Gefangenschaft. Ursache für die Anfälligkeit ist wohl, daß diese Großrobben in dem gemäßigten Kontinentalklima Europas und Nordamerikas ungewohnte, für sie ungesunde Lebensumstände vorfinden, gänzlich andere als im Nordmeer mit seinen niedrigen Wasser- und Lufttemperaturen. Viele gingen daher in den Zoos an Infektionskrankheiten zugrunde.

Die ersten Tiere, gleich drei an der Zahl, noch sehr jung und nach der Fellfärbung „Blaumänner" genannt, erhielt der Londoner Zoo bereits im Jahre 1870; sie gingen jedoch bald ein. In den USA konnte der Zoo von Philadelphia seine ersten Klappmützen bereits 1885 vorzeigen, fast drei Jahrzehnte vor New York. Wie Dr. Erna Mohr erfuhr, brachten ein Mr. Harry Whitney und ein Captain Robert Bartlett dem New Yorker Zoo am 15. Mai 1912 gleich fünf junge Klappmützen auf einen Schlag ins Haus. Sie waren im St.-Lorenz-Golf 20 Seemeilen westlich von Port au Port, Neufundland, in ein Netz geraten. Im gleichen Jahr erwarb der Zoo Berlin von der Firma Lund in Bergen (Norwegen) eine ausgewachsene Klappmützendame.

In Hagenbecks Tierpark waren ab Mai 1950 zwei weibliche Blaumänner zu bestaunen. Sie starben jedoch nach kurzer Zeit. Die Tiergrotten in Bremerhaven, die inzwischen als „Zoo am Meer" firmieren, hatten mehr Glück: Ihre drei Klappmützen konnten in der Gefangenschaft, die sich von ihrer Lebenswelt im Polarmeer so gravierend unterschied, länger als ein Jahr gehalten werden. „Hansi", gefangen vom Fischdampfer „Ostpreußen" am 31. Oktober 1954 bei den Färöern, war bei der Ankunft in den Tiergrotten 275 Zentimeter lang und 375 Kilogramm schwer. Bei seinem Tode am 14. Ja-

Kapitän Hans-Georg Holländer.

nuar 1956 maß er 280 Zentimeter und wog 370 Kilogramm; er hatte ein gutes Alter von 14 bis 15 Jahren erreicht. „Alfred", den der Fischdampfer „Schütting" am 23. März 1960 auf der Dohrnbank aus dem Wasser fischte, war bei seinem Tod am 9. April 1961 acht Jahre alt. Die am 3. Juni 1961 dem Fischdampfer „Hermann Krause" an der Westküste Grönlands ins Netz gegangene „Anette" stufte Erna Mohr als „höchstens jungerwachsen" ein. „Anette" starb am 14. September 1962 im Alter von dreieinhalb Jahren.

QUELLEN

Hans-Georg („Hannes") Holländer, geboren am 21. November 1933 in Labagienen, Kreis Labiau, in Ostpreußen. Kam erst im November 1948 mit seinem Großvater nach Bremerhaven. Mit 17 Jahren zur See, mit 26 Jahren Kapitän der „Mosel". Fuhr bis 1989, zuletzt als Kapitän des Heckfängers „Saarbrücken" der Deutschen Fisch-Fang-Union (DFFU) in Cuxhaven.

Dr. Erna Mohr: „Beiträge zur Naturgeschichte der Klappmütze Cystophora cristata Erxl. 1777". Zeitschrift für Säugetierkunde, Bd. 28 (1963). Verlag Paul Parey, Hamburg und Berlin.

Klaus Gille, Archiv Tierpark Hagenbeck in Hamburg-Stellingen.

Nordsee-Zeitung, Ausgabe Nr. 106 vom 8. Mai 1962.

Der Fall „Arizona" oder: Baby-Boom bei den Färöern

Es gab zwei Gründe, weswegen das damals gerade in Dienst gestellte Hamburger Fangfabrikschiff „Altona" (1500 BRT) der Reederei Andersen & Co. seit 1965 auf jedem Fangplatz, den es aufsuchte, als US-Flugzeugträger „Arizona" willkommen geheißen wurde, obwohl dieser Ehrentitel eigentlich einem ganz anderen Schiff zugestanden hätte – dem ebenfalls in Hamburg beheimateten Seitenfänger „Paul Lübcke" der Cranzer Fischdampfer-Aktiengesellschaft. Der erste Grund: Erich Korsch, Kapitän auf der „Altona", erzählte bei Labrador in einer ruhigen Stunde über Ukw die wahre Geschichte von einem Vorfall, der sich im Jahr zuvor bei den Färöern zugetragen hatte und bei dem er selbst nicht einmal handelnde Person gewesen, sondern als nicht ganz stummer Ohrenzeuge am Rande beteiligt war. Und der zweite Grund: Seine Story brachte er offenbar so überzeugend über den Äther, daß unter den Zuhörern, und derer waren viele an diesem Abend auf den Brücken deutscher Trawler, brüllendes Gelächter ausbrach.

Es geschah, so berichtete Korsch, an einem schönen Tag im Jahre 1964 bei den Färöern, einem bevorzugten Seegebiet von vier deutschen Trawlern. Versammelt waren die Hamburger Schiffe „Bahrenfeld" der Atlantischen

Heckfänger „Altona". (Foto P. A. Kroehnert/Archiv DSM)

Hochseefischerei GmbH (Kapitän Erich Korsch aus Hamburg), „Hamburg" der Cranzer Fischdampfer-AG (Kapitän Harald Kröger aus Hamburg) und „Paul Lübcke" (Kapitän Karl Dohrmann aus Glückstadt), dazu aus Bremerhaven die „Helgoland" der Reederei Ludwig Janssen & Co.
„Ab und zu kam ein anderer Dampfer hinzu", erinnert sich Korsch. „Aber die meiste Zeit waren wir unter uns."
Zwischen den vier Trawlern, der Ultrakurzwelle sei Dank, entspann sich häufig ein äußerst reger abendlicher Plausch. Wenn auf den Brücken Ruhe eingekehrt war, schaltete man gerne auf die Kanäle 8 oder 12, um einen kleinen Speech unter Kapitänen und Steuerleuten zu halten. Die Rudergänger durften auch mithören.
„Und dann wurde geplappert", denkt Hannes Falke, damals 1. Steuermann auf der „Hamburg", an diese Zeit zurück. Unter Eingeweihten gilt er als der eigentliche Urheber eines Streiches, den man, als wieder einmal Langeweile aufzukommen drohte, mit Käpt'n Harald Krögers Einverständnis einem anderen Schiffsführer zu spielen sich vornahm. Als Opfer hatte man Kapitän Karl Dohrmann aus Glückstadt ausgeguckt, in der Flotte besser bekannt unter seinem Spitznamen „Karl Knall". Den wollte man mal so richtig auf den Leim locken.
„Das war so ein Unikum", erinnert sich Hannes Falke. „Der erzählte vielleicht Stories ..."
Die Idee, wie man ihn hereinlegen könnte, kam Falke, weil zufällig neben ihm auf der Brücke ein zwanzigjähriger US-Boy stand. Der war irgendwann in Deutschland hängengeblieben und hatte sich zunächst in Hamburg als Straßenverkäufer von Zeitungen über Wasser gehalten. Dann aber zog es ihn aufs Wasser. Eigentlich hatte er auf der Brücke nichts zu suchen. Hannes Falke:
„Der Junge war kein Matrose, sondern fuhr bei uns als Fischverarbeiter. Hin und wieder durfte er aber ans Ruder."
Der Steuermann weihte den Ami in seinen Plan ein und fand in ihm sofort einen begeisterten Helfer, der seine Rolle, wie sich bald zeigen sollte, perfekt spielte. Dafür brachte er von seiner Herkunft eine besondere Eignung mit: Er sprach selbstverständlich englisch, aber auch, wie es für den geplanten Streich Vorbedingung war, radebrechend deutsch mit unverkennbar amerikanischem Slang.
Auf der „Hamburg" waren die Regieanweisungen erteilt; der Spaß konnte beginnen.
Nicht Karl („Kuddel") Dohrmann alias „Karl Knall" vernahm als erster die Nachricht aus dem Lautsprecher, sondern Erich Korsch auf der „Bahrenfeld".
„US-aircraft carrier ‚Arizona' calls ‚Paul Lübcke'!"
„Du, Kuddel, hörst du denn gar nicht", sprach er „Karl Knall" an.

„Wat, wat schall ik hören?"
„Dor roopt di doch jümmers een, ik glöv, dat is 'n Yankee."
„Wat, 'n Yankee. Wo roopt de mi denn?"
„Up Konol twölf!"
Karl Dohrmann schaltete auf Kanal zwölf und vernahm nun selbst die erstaunliche Nachricht, vorgebracht in englisch und in gebrochenem Deutsch.
„Here speaks US-aircraft carrier ‚Arizona'. Captain, we have big problem. Can you help us, kannst du uns helfen?"
„Wat hest du denn för'n Problem, wat wullt du von mi. Un wat bist du överhaupt för'n Schipp?"
„This is Flugzeugträger ‚Arizona'. Haben Sie einen Doktor an Bord?"
„Nee", antwortete „Karl Knall" wahrheitsgemäß (wo gäb's denn sowas: ein deutscher Trawler mit einem Arzt auf der Musterrolle). Sodann erkundigte er sich mitfühlend: „Hast du etwa einen Verletzten?"
„No", erwiderte der Ami und kam zur Sache. „Was machen you, wenn Sie einen Arzt brauchen?"
„Dann roopt wi de ‚Meerkatze' (Anmerkung: deutsches Fischereischutzboot), wenn se jüst mol dor is, over meist is se nich dor."
Der Gedanke, daß ein Flugzeugträger mit mehreren tausend Mann Besatzung nicht nur über einen Arzt, sondern gleich über ein ganzes Ärzteteam verfügt, kam ihm, aufgeregt, wie er war, erst gar nicht.
„Und was machen Sie aber, wenn Sie schnell einen Doktor brauchen?" bohrte der vermeintliche Yankee nach.
„Denn föhrt wi no Torshavn." (Anmerkung: Hauptstadt der Färöer, liegt auf der Insel Strömö.)
Erich Korsch mischte sich in den Ukw-Dialog ein:
„Kuddel, frog em doch mol, wat hett he denn för 'n Problem?"
„Jo, wat hest du denn för 'n Problem?"
Die Antwort kam prompt.
„Unsere Waschfrau bekommt ein Baby."
„Dat is jo 'n Ding. Denn roop du mol in Torshavn Pal Adull an, den Makler, weeßt du. De schickt di 'n Doktor, kannst dich drauf verlassen ..."
24 Stunden danach.
„US-aircraft Carrier ‚Arizona' calls ‚Paul Lübcke'!"
„Jo, wat is?"
„Captain, many thanks to you. Unsere Waschfrau hat ihr Baby bekommen. Einen pretty boy. And his name ist Karl."
„Kuddel" Dohrmann fühlte sich aufs höchste geschmeichelt.
Einige Stunden später hatte Dohrmann erneut Grund, sich zu wundern.
„US-aircraft carrier ‚Arizona' calls ‚Paul Lübcke', ‚Paul Lübcke'!"
„Wat is nu denn al waller los?"

„Unsere Waschfrau hat ein zweites Baby bekommen ..."
Zwillinge, sowas soll es geben. „Karl Knall" hatte noch immer nicht gecheckt, daß da jemand Schabernack mit ihm trieb. Die anderen Kapitäne waren hellhöriger und hakten nach. Obwohl – der Slang des US-Boys war sehr überzeugend.
Am nächsten Abend begannen sie zu frozzeln.
„Paß op, Kuddel, de Waschfro kriegt womöglich noch 'n Baby ..." Es ließ ihn kalt.
Wieder 24 Stunden später. Die allabendliche Plauderstunde war angebrochen. Diesmal sprach man unter Kapitänen nicht darüber, ob zu Hause das Wohnzimmer einen Anstrich nötig hatte oder ob bei Nachbarsleuten die Ehe kriselte, nein, diesmal berichtete Karl Dohrmann voll Stolz von seinen selbstangebauten Kartoffeln. Die seien schmackhaft und sehr dick. Bauern in der Nachbarschaft hätten hingegen meist schlechte Ernten gehabt.
Da mischte sich US-aircraft carrier „Arizona" in die Kartoffeldebatte ein.
„Ich habe gehört von Ihren potatoes. Ich kann Ihnen empfehlen unsere roten Potatoes aus Maine. Das ist einen wunderbaren roten Kartoffel, der ist very, very nice!"
Das war selbst einem Karl Dohrmann ein zu dicker Tobak. Er rief zurück: „Ik will di mol wat seggen: Diene roden Indianerkantüffeln kannst du alleen freten. Lot mi tofreden."
Da meldete sich einer der Kapitäne:
„Du, Karl, de hett recht, de roden Kantüffeln sünd ganz wunnerbor."
Von nun an trat für längere Zeit Funkstille ein.
Einem Ondit zufolge soll die US-Navy nach diesem für sie rätselhaften Funkverkehr fieberhaft ein Kriegsschiff gesucht haben, das sich „Arizona" nannte. Einen Flugzeugträger dieses Namens hatte es in Wahrheit nie gegeben. Die letzte „Arizona" war jenes legendäre Schlachtschiff, das die Japaner, ohne den USA vorher den Krieg erklärt zu haben, bei ihrem Überfall auf Pearl Harbor am 7. Dezember 1941 mit anderen Schiffen der amerikanischen Flotte versenkten. Sie liegt immer noch als stählernes Denkmal auf dem Grund des Pazifischen Ozeans.

QUELLEN

Hannes Falke, geboren am 24. Mai 1927 in Wedel (Schleswig-Holstein) bei Hamburg, wohnhaft auf Helgoland. Er fuhr bis 1968 auf Schiffen der Cranzer Fischdampfer-AG, zuletzt als Kapitän der „Euros" und der „Zephiros", und wechselte dann in gleicher Funktion zur Biologischen Anstalt Helgoland, deren Forschungsschiffe „Friedrich Heincke" und „Heincke" er in Dienst stellte und führte. Hannes Falke lebt seit 1992 im Ruhestand.

Erich Korsch, geboren am 9. Mai 1926 in Rastenburg (Ostpreußen), wohnhaft in Hamburg-Volksdorf. Er erhielt 1940 als Vierzehnjähriger einen Lehrvertrag bei der Norddeutschen Hochseefischerei im damaligen Wesermünde (heute Bremerhaven). Kaum 16 Jahre alt, fuhr er schon als Matrose auf dem zu einem Vollfroster umgebauten Fischdampfer „Weser" unter dem für seinen militärischen Drill an Bord gefürchteten, aber auch als tüchtigen Kapitän bekannten Adolf Herrmann. Nach dem Kriegsdienst von 1943 bis 1945 auf Schnellbooten, einer Heringssaison im ersten Nachkriegsjahr und einer kurzen Tätigkeit bei der Zwangsversenkung von mit Giftgranaten beladenen Schiffen im Oslofjord wandte er sich im Januar 1946 endgültig der Hochseefischerei zu, heuerte aber zwischenzeitlich für zwei Jahre auf einem Kutter an, weil es dort mehr zu verdienen gab. Sein Freund Kurt Arnoldt, zu der Zeit der erfolgreichste Kapitän in der Hamburger Flotte, ermutigte ihn, die Seefahrtschulen in Hamburg und Bremerhaven zu besuchen und die Patente B 4 und B 5 zu erwerben. Das Ergebnis dieser Mühe: Erich Korsch brachte es gleichfalls zum Trawlerkapitän, der für fette Fänge berühmt wurde. Sechs Jahre fischte er mit der „Bahrenfeld", ab 1965 bis zum Verkauf führte er das Fabrikschiff „Altona". Am Ende wechselte er noch für sieben Jahre die Reederei und übernahm als Kapitän die Pickenpack-Fangfabrikschiffe „Julius Pickenpack", „Arengus" und für zwei Reisen die „Julius Fock".

Kapitän Hannes Falke.

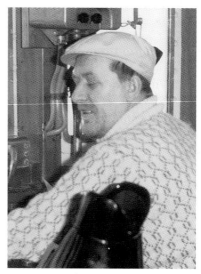

Kapitän Erich Korsch
auf der „Altona", 1966.

Von Seelöwen und Seehechten

Mitte der sechziger Jahre trieb es die deutsche Trawlerflotte, vor allem die hochmodernen Fangfabrikschiffe, in einiger Anzahl in südliche Gefilde, und das hatte gewichtige Gründe: Der Markt verlangte nach Kabeljau, aber der ließ sich auf den angestammten Fanggründen im Nordatlantik und im Nordmeer nicht mehr in solcher Dichte aufspüren, daß sich die Fischerei noch gelohnt hätte. Andere Seegebiete blieben den Trawlern durch ausgeweitete Fischereigrenzen oder verordnete Fangquoten versperrt. Die knifflige Aufgabe für die Reedereien bestand darin, für den Kabeljau einen Ersatz zu finden, den die Verbraucher zu akzeptieren und für den sie auch einen guten Preis zu zahlen bereit waren. So geriet der Seehecht der Untergattungen Merluccius capensis und Merluccius hubsi ins Visier, oder sollte man besser sagen: ins Fadenkreuz der Fischlupen. In diesem Zusammenhang ist anzumerken, daß der Seehecht seit Menschengedenken zu den wichtigsten Nutzfischen der Erde gehört. Im Gegensatz zum Kabeljau, der im kälteren Wasser seinen Lebensraum gefunden hat, liebt der Merluccius die Wärme und hält sich daher vorwiegend in südlichen Gefilden auf. Womöglich auch in großen Schwärmen vor dem Horn vor Afrika, fragte sich Kapitän Karl Keirat, Leiter der Nautischen Abteilung der „Nordsee" Deutsche Hochseefischerei AG, und wollte auf diese Frage selbst eine Antwort finden – mit einer Aktion Seehecht, die er im Sommer 1966 in Kapstadt startete.
In der Stadt am Tafelberg besaß die „Nordsee" eine kleinere Firma namens Irving & Johnson-Nordsee Ltd. Von diesem Stützpunkt aus operierten bereits die beiden Seitenfänger „Koblenz" und „Hildesheim". Die Schiffe waren mit einem deutschen Kapitän, einem deutschen Maschinisten und drei weiteren Deutschen besetzt; die restliche Besatzung bestand aus Einheimischen, an ihrer dunklen Hautfarbe leicht zu erkennen.
Auf beiden Schiffen hatte Keirat schon jeweils eine Reise mitgemacht und war dabei auf ergiebige Seehechtbestände gestoßen. Diese Ergebnisse ermunterte die Reedereileitung in Cuxhaven zu einem weiteren Experiment, das unter der Regie von Keirat durchgeführt werden sollte: Mit einem kleineren Heckfänger, er trug den Namen „Hawthorn" und gehörte Irving & Johnson, wollte und sollte er mit einem „Nordsee"-Netz in den Küstengewässern vor Südwestafrika bei Lüderitz und Walfischbay Seehecht fischen. Diese Reise könnte einen Anhalt dafür ergeben, ob es sich auszahlen würde, einen großen Heckfänger, mehr noch: ein Fangfabrikschiff mit rund 28 000 DM Tageskosten nach Südafrika zu schicken. Für die Mission hatte man die moderne „Tübingen" mit einer Verarbeitungskapazität von 30 Tonnen Frostfilet pro Tag und Tiefkühllagern mit einem Fassungsvermögen von 650 Tonnen auserkoren.

Fangfabrikschiff „Tübingen" bei der Ausreise. (Foto P. A. Kroehnert/DSM, Nordsee-Archiv)

Das „Nordsee"-Geschirr bewährte sich derart gut, daß Karl Keirat mit der „Hawthorn" eine ganz schnelle Reise hinlegte. Nach seinem Geschmack eine viel zu schnelle, und dafür gab es einen unter wirtschaftlicher Betrachtung geradezu abstrusen Grund: Im Netzbüdel fand sich bei jedem Hol mehr Seehecht, als die Besatzung zu verarbeiten bereit oder vielleicht auch in der Lage war. Keirat: „Soviel Fisch hatten die noch nie gesehen." Deswegen erreichte der Heckfänger nur mit halbgefülltem Fischraum den Hafen.
Keirat ging mit dem Kapitän, einem gebürtigen Engländer, zur Geschäftsleitung. Der Chairman fragte seinen Angestellten:
„Na, wie beurteilen Sie das Netz der Deutschen?"
Dessen Antwort: „Das Netz können wir in unserer Flotte nicht gebrauchen."
„Das müssen Sie mir erklären!"
„Das Netz fängt zu viel Fisch ..."
Damit war für die „Nordsee" die Entscheidung gefallen: Die „Tübingen" geht nach Südafrika.
Nach der Ankunft des Fangfabrikschiffes im Juli 1966 begann eine kurze Phase des Experimentierens mit einem Heringsgeschirr und höher stauenden Grundschleppnetzen, ehe das Fischen so richtig beginnen konnte. Zu-

gleich brach aber auch für andere Küstenbewohner eine Zeit des großen Fressens an – für die Seelöwen, die sich zu Tausenden in Kolonien von Kap Frio bis Kapstadt tummelten. Die gelehrigen Pelzrobben entdeckten in der „Tübingen" rasch eine Nahrungsquelle, die sich ihnen neu auftat, ein Schlaraffenland, das zur Selbstbedienung geradezu einlud.
„Wenn wir hievten," erinnert sich Keirat, „umschwärmten sie den Steert zu Hunderten und zogen solche Fische heraus, die mit Schwanz oder Kopf durch die Maschen steckten."
In der Verhaltensweise der Seelöwen machte Keirat Parallelen zu der von Menschen aus: „Wenn man es einfach haben kann, hört man auf, sich anzustrengen, dann wird man faul ..."
Trotz ihrer Schlauheit konnten es einige Seelöwen nicht vermeiden, daß sie vor lauter Freßgier selbst ins Netz gerieten und mitsamt dem Fang auf dem Verarbeitungsdeck landeten. Keirat: „Dann mußten wir versuchen, sie wieder aus der Fabrik herauszubekommen."
An einem Abend passierte es: Die Männer der Freiwache hatten gerade eine Videokassette gesehen, ausgerechnet eine, die zeigte, wie der unvergeßliche Professor Bernhard Grzimek in Australien oder sonstwo sich der Seelöwen angenommen hatte, als der Steuermann zu Keirat auf die Brücke hochkam und ihm berichtete: „Da unten albern sie gerade mit einem Seelöwen herum, den kriegen sie einfach nicht von Bord."
Keirat ging nach unten und sah selbst: Die kapitale Robbe war bereits über das Schlachtdeck durch das Verarbeitungs- und Frosterdeck bis in die Mannschaftsräume gelangt, immer hinter den Leuten her, die sich respektvoll vor ihr zurückzogen.
„Als ich hinzukam, saß der Seelöwe an Steuerbordseite in einer Portugiesenkammer auf der Bank und schaute aus dem Bullauge."
Was die Männer nicht wußten, auch nicht wissen konnten: Seelöwen reagieren auf alles Helle. Instinktiv ergriffen die Männer nun eine wirksame Maßnahme, als sie das Tier mit Hilfe eines Wasserschlauches dazu brachten, den umgekehrten Weg anzutreten, den zurück ins Meer.
„Sie hatte so richtig der Ehrgeiz gepackt, den Seelöwen heil zu Wasser zu bringen."
Mit viel Mühe schafften sie es tatsächlich, die Robbe ein Deck höher zu bugsieren. Auf dem letzten Stück bis zur Heckaufschleppe kam es leider doch noch zu einem Zwischenfall. Der 1. Steuermann Fritz Baltrusch, der am Spielen mit dem Seelöwen Gefallen gefunden und quasi die Rolle des Oberdompteurs, man könnte auch sagen: mit einem Korb als Schutzschild in der Hand die eines Toreros übernommen hatte, geriet in der Rückwärtsbewegung bei einem Niedergang in eine Klemme, aus der es für ihn kein Entrinnen gab. Die Robbe erkannte ihre Chance, sprang zu und biß Baltrusch ein Stück Fleisch (Keirat: „... ungefähr so groß wie eine Frikadel-

le!") aus dem Oberschenkel – ziemlich, ja sogar gefährlich nahe am Schritt. Mit der gleichen Methode, wie Seelöwen stets ihre Beute reißen: zubeißen und mit einer Drehbewegung des Schädels ein Stück Fleisch herausbrechen. In diesem Falle Menschenfleisch, ein Leckerbissen, den ein Seelöwe nicht alle Tage zwischen die Hauer bekommt. Ob er ihn allerdings verschluckte, ist nicht erwiesen.

Immerhin – Fritz Baltrusch hatte eine so schwere Verletzung erlitten, daß die „Tübingen" ihre gerade angetretene Fangreise unterbrechen und den Steuermann in Walfischbay ärztlich versorgen lassen mußte. Am nächsten Tag ging er dennoch wieder seiner gewohnten Tätigkeit nach. Stark humpelnd allerdings.

Für ihn endete die Expedition also unglücklich, für die „Tübingen" dagegen eher glücklich, wie übrigens auch für die „Sagitta Maris" der Reederei F. Busse in Bremerhaven, die schon vor ihr auf den Fangplätzen ihr Glück versucht und gefunden hatte. Mehrmals lief die „Tübingen" mit prall gefülltem Tiefkühllager Walfischbay an und schlug ihre Ladung auf Frachter um, dann wechselte sie auf die andere Seite des Südatlantiks, fischte vor Argentinien auf dem Patagonien-Schelf querab von Bahia Blanca Seehecht in Massen und kehrte Anfang 1967 zurück nach Deutschland – vollgeladen mit gefrostetem Fischfilet.

Gemeinsam mit Schwesterschiff „Freiburg" fischte die „Tübingen" noch einmal – diesmal gleich für eine Periode von 1974 bis 1979 – vor Südwestafrika. Als die Seehechtbestände schrumpften und die Regierung der damaligen Südafrikanischen Republik mit der Hauptstadt Pretoria zu allem Überfluß noch Quoten einführte, genügte schon ein politisches Beben mit allerdings erheblichen wirtschaftlichen Auswirkungen, daß die „Nordsee" ihre Operation abbrach: Die Angola-Krise ließ die Brennstoffpreise um hundert Prozent emporschnellen.

„Damit lohnte es sich für uns nicht mehr", zog Keirat seinen Schlußstrich.

QUELLEN
Kapitän Karl Keirat, Cuxhaven-Altenwalde.
Kapitän Fritz Baltrusch, Nordholz.

Saison auf Saint-Pierre

Saint-Pierre ist, geologisch betrachtet, eine ganz normale Insel. Im Atlas findet man sie vor der nordamerikanischen Ostküste, etwa einen Finger breit südlich von Neufundland. Mit der benachbarten kleineren Insel Miquelon gehört sie nicht etwa, wie man annehmen sollte, zu Kanada und somit zum United Kingdom oder wenigstens doch zu den USA; sie ist vielmehr, und dieser Status hebt sie in den Rang des Exzentrischen, französisches Staatsgebiet. Die beiden Inseln, auf denen 5500 Einwohner, zu fast hundert Prozent französische Staatsbürger, mehr schlecht als recht leben, noch Mitte der Sechziger in Verhältnissen wie vielleicht vor hundert Jahren, umfassen eine Fläche von 241 Quadratkilometern. Das Land selbst ist meist unfruchtbar. In der Nähe jedoch befinden sich reiche Fischgründe. So auf der Georgebank, die 1966 ob ihres ergiebigen Heringsbestandes ins Visier der Manager der größten deutschen Trawlerreederei geriet – der „Nordeee" Deutsche Hochseefischerei GmbH in Bremerhaven und Cuxhaven.

Mitte der sechziger Jahre drohte für die Nordsee gerade ein totales Heringsfangverbot, das danach auch verhängt wurde. Die deutsche Fischwirtschaft befand sich in der Klemme. Die Reedereien mußten ihre sonst in der Heringsfischerei beschäftigten Trawler kostendeckend, möglichst sogar renditebringend einsetzen, und die Industrie verlangte händeringend nach Rohware. Die Reedereileitung wälzte die ihr zugänglichen Unterlagen und wertete die Ergebnisse vorausgegangener Erkundungsreisen aus. Danach stand für sie fest: Der Neufundland-Hering ließ sich zwar von Juli bis in den November hinein in ausreichenden Mengen fangen, besaß aber nicht die hohe Qualität seines Vetters in der Nordsee und mußte wegen des höheren Fettgehaltes unter der Haut schnell verarbeitet und gefrostet werden. Selbstverständlich spielten vor allem betriebswirtschaftliche Kriterien in die zu entwickelnde Unternehmensstrategie hinein. Das größte Problem bildeten dabei die unproduktiven Dampftage, die auf der Kostenseite einen besonders dicken Brocken ausmachten.

Und so sah die Rechnung aus: Die modernen Fangfabrikschiffe der „Bonn"-Klasse zum Beispiel konnten in 22 bis 24 Tagen 600 Tonnen gefrostete Heringslappen produzieren und damit ihre Tiefkühllager füllen. Sie hätten jedoch weitere 16 Tage benötigt, um von den Heimathäfen zur Georgebank und zurück zu dampfen. Diese Kalkulation konnte bei den relativ niedrigen Heringspreisen und den hohen täglichen Betriebskosten nicht aufgehen. Da gab es kein Wenn und Aber: Wenn „Nordeee"-Trawler überhaupt auf der Georgebank dem Hering nachstellen sollten, und zwei taten das bereits, benötigten sie in der Nähe des Fangplatzes einen Stützpunkt für den Umschlag der Rohware auf kleinere Kühlfrachter. Wo sonst als auf Saint-Pierre. Da mußte Käpt'n Keirat ran.

Als Karl Keirat, Leiter der Decksinspektion der „Nordsee", im Juli 1966 nach drüben flog und auf der Insel eintraf, fand er ein gottverlassenes Fischernest vor. In der sogenannten Hauptstadt Saint-Pierre verdienten sich 4000 Franzosen ihren kärglichen Lebensunterhalt mit Fischfang und ein bißchen Handel. Mit den Landsleuten aus Europa verstanden sie sich gar nicht gut, weil sie, die Insulaner, im Gegensatz zu denen vom Mutterland noch das alte Quebec-Französisch sprachen.

Das klassische Französisch war die Umgangssprache der Staatsmacht: Für Recht und Ordnung auf Saint-Pierre-et-Miquelon, so der offizielle Name der Überseebesitzung, eines Departements sogar, sorgten außer den Gendarmen noch dreißig Fremdenlegionäre, die außerdem den Auftrag hatten, jegliche Gelüste nach einem Anschluß an Kanada im Keim zu ersticken. Auch sonst hatten sie bei dem Überangebot an Kneipen und dem Mangel an Mädchen reichlich zu tun und hinzulangen. Vor allem seit die deutschen Matrosen im Nachtleben die Akzente setzten und den Franc rollen ließen, wenn das mit dem überwiegend im Umlauf befindlichen Papiergeld überhaupt möglich war ...

Saint-Pierre hatte, wie Keirat mit einem Blick überschaute, einen kleinen Hafen. Die Wassertiefe an der Pier war mit sechs Metern für die „Nordsee"-Trawler allemal ausreichend. Sonstige Baulichkeiten am Hafen: außer einem verfallenden Gebäude, von dem noch die Rede sein wird: Fehlanzeige. Es gab einen Wasseranschluß und eine Bunkerstation der Esso, das war's.

Karl Keirat fackelte nicht lange und setzte gleich nach seiner Ankunft die Operation Neufundland-Hering in Gang. Und sie lief bald nach Wunsch, Wochen später sogar prächtig. Die Reederei hatte vorsorglich ein kleineres Kühlschiff aus Hamburg gechartert, nach der Reederei Horn, die kurz darauf mit International Reefers zusammenging, auch „Hörnchen" genannt. Dessen Ladungskapazität war so groß, daß „Hörnchen" die Produktion von zwei „Nordsee"-Trawlern, so zwischen 1200 und 1400 Tonnen tiefgefrorene Heringslappen, in Saint-Pierre übernehmen und nach Deutschland transportieren konnte. Dank „Hörnchen" waren mindestens 16 unproduktive Dampftage aus der Welt. Und die Reederei legte nach. Zum Schluß der ersten Saison fischten bis zu sechs Fangfabrikschiffe auf der Georgebank.

Die Operation flutschte schließlich derart wie mit Heringsöl geschmiert, daß andere deutsche Trawlerreedereien davon erfuhren und ebenfalls auf den Geschmack kamen. Schon 1967 übernahm anstelle der „Nordsee" der Verband der deutschen Hochseefischereien die Regie. „Nordsee"-Inspektoren leiteten jedoch weiterhin den Umschlag.

Kapitän Karl Keirat im Schlauchboot vor Saint-Pierre.

Vom plötzlichen Boom auf Saint-Pierre profitierten die zahlreichen Kneipen am stärksten. Die Seeleute und Fischwerker mit ihren nach drei Wochen Fangbetrieb ausgedörrten Kehlen stürmten herein, nagelten mit dem Fischmesser Tausend-Franc-Noten des seinerzeit als Zahlungsmittel gebräuchlichen Kolonialgeldes an die Holzwand und ließen sich die Gläser einfüllen. Tausend-Franc-Noten deswegen, weil ein Franc damals gerade einmal 1,7 deutsche Pfennig wert war. Die Wirtinnen und Wirte rieben sich zwar die Hände ob des plötzlichen Geldsegens, aber es gab auch Probleme. Für sie, vor allem aber für die Staatsmacht.

Als Karl Keirat ein Jahr später, exakt am 15. Juli 1968, auf der ihm längst vertrauten Insel eintraf, holte ihn der Makler Guy Paturell vom Flugzeug ab und schockte ihn mit einer Nachricht, die Schlimmes verhieß.

„Die ganze Stadt ist im hellen Aufruhr. Stellen Sie sich vor: Zwei Männer vom Kühlschiff ‚Luise' haben über dem verfallenden Haus am Hafen die deutsche Flagge gehißt, ausgerechnet am Nationalfeiertag. Die Hafenarbeiter weigern sich, an unseren Schiffen auch nur noch eine Hand zu rühren."

Keirat wußte es selbstverständlich, die beiden Matrosen wußten es nicht: Der 14. Juli ist für jeden patriotisch gesinnten Franzosen nach wie vor der heiligste Feiertag überhaupt. An diesem Tag gedenkt die Grande Nation mit Militärparaden und großem Gepränge des Sturms auf die Bastille, mit dem im Jahre 1789 die Französische Revolution ihren Lauf nahm.

„Und was hat die Gendamerie mit den beiden gemacht. Die müssen doch total besoffen gewesen sein."
„Stimmt. Sind sie immer noch. Jetzt sitzen sie im Knast. Ich habe sie heute vormittag aufgesucht und gefragt, was sie sich eigentlich bei ihrer Aktion gedacht hätten. Och, haben sie gesagt, da wir schon häufiger hier auf die Insel gekommen sind, wollten wir eine deutsche Botschaft einrichten."
Der Käpt'n fuhr zuerst in den Hafen. Tatsächlich: Im Dachgebälk mit seinen zerbrochenen Sparren hing das inkriminierte Tuch in den Farben Schwarz-Rot-Gold und flatterte fröhlich im Winde. Die müssen wirklich volltrunken gewesen sein, dachte er bei sich. Im nüchternen Zustand hätten sie sich niemals in die Trümmer eines ehemaligen Daches getraut.
Zum Glück, das in diesem Falle beiden Missetätern lächelte, die sich der Schwere ihres Vergehens gar nicht bewußt waren, bildet Saint-Pierre-et-Miquelon zusammen mit den beiden anderen französischen Überseebesitzungen Guadeloupe und Martinique, den beiden größten Inseln der Kleinen Antillen (Westindien), nicht nur ein Departement, sondern hat auch einen Bischofssitz, und von der Kirche ist Gnade vor Recht bei tätiger Reue immer noch am ehesten zu erwarten. Zu Seiner Exzellenz, einem umgänglichen Elsässer, unterhielt Keirat seit längerem freundschaftlichen Kontakt, ihn suchte er, einer Eingebung folgend, auf kürzestem Wege auf.
„Das war niemals eine politische Provokation, das war ein Dummejungenstreich von zwei betrunkenen Seeleuten", vertrat Keirat seinen Standpunkt, nachdem er das Geschehen geschildert hatte.
Der Kirchenmann stimmte ihm zu, griff zum Telefonhörer und bestellte den Kommandanten der Gendamerie zu sich, der alsbald bei ihm eintraf und den er bat, die vermeintliche Provokation als das zu behandeln, was sie war – eine Kapitän Keirat äußerst peinliche Folge von übermäßigem Alkoholkonsum. Die Staatsmacht erklärte sich nach diesem geistlichen Zuspruch sogleich bereit, die Sünder laufen zu lassen, wenn sie eine Geldbuße zahlen und die Flagge des Anstoßes selbst wieder einholen würden. Von den Einheimischen hatte sich keiner in das morsche Gebälk gewagt; selbst die sonst so mutigen Fremdenlegionäre scheuten die erkennbare Lebensgefahr.
Der „Nordsee"-Inspektor durfte die beiden Missetäter selbst aus dem Gefängnis abholen. Dazu mußte er erst über eine Planke balancieren, ehe er das Verlies erreichte. Die Zelle bot einen Anblick, der Keirat an Schilderungen aus Romanen von Alexandre Dumas erinnerte.
Von der Decke tropfte, von den Wänden rieselte das Wasser. Eine Glühlampe gab ein trübes Licht her. Am Boden hockten frierend und zerknirscht die beiden Sünder, nur mit Hemd und Hose bekleidet. Die Fremdenlegionäre hatten ihnen die Gürtel und sogar die Schnürsenkel abgenommen. Wenigstens war der Alkoholnebel in ihren Köpfen mittlerweile verflogen, die beiden konnten wieder einigermaßen klar denken.

„Wenn ihr bereit seid, den Schaden wieder gutzumachen und die Flagge vom Dach zu holen, darf ich euch jetzt mitnehmen", erläuterte Keirat ihnen den ausgehandelten Kompromiß. „Und über die Höhe des Bußgeldes werden wir uns später unterhalten."
Die beiden nickten eifrig und verließen erleichtert die feuchte Herberge – wieder mit Gürtel am Hosenbund und Schnürsenkeln an den Schuhen. Sie holten von Bord einen Tampen, hangelten sich ins Gebälk, bargen die Flagge und durften mit der „Luise" wieder nach Hamburg fahren, obwohl Kapitän Brink, der den Kühlfrachter führte, sie am liebsten gar nicht wieder mitgenommen hätte.
Bis zum nächsten Tag hatte Kapitän Keirat die Gemüter auf der Insel soweit beruhigt, daß die fünfzig Hafenarbeiter ihre Tätigkeit wieder aufnahmen und die Operation Neufundland-Hering ohne neuerliche Störung weiterlaufen konnte.
Drei Jahre später ließ sich nicht mehr übersehen, daß auf Saint-Pierre durch die Anwesenheit der Deutschen endgültig, wie es schien, in Wirklichkeit aber, wie sich hinterher herausstellte, nur vorübergehend der Wohlstand ausgebrochen war. Die Hafenarbeiter durften sich glücklich schätzen, endlich eine feste Beschäftigung über Monate gefunden zu haben, die meisten Dächer verunzierten Fernsehantennen, die noch 1967 nur auf den Häusern einiger weniger Privilegierter standen, eine Asphaltstraße von der Stadt zum Hafen war gebaut, die Kaje in der Hoffnung auf noch mehr Trawler aus Deutschland verlängert worden, und am Hafen wurde ein erstes Kühlhaus hochgezogen.
Eines schönen Sommertages – es war Sonnabend Nachmittag, und die Arbeit an den Schiffen ruhte – stand Karl Keirat mit Kapitän Remmer Jacobs vom Trawler „Neufundland" der Norddeutschen Hochseefischerei in Bremerhaven auf den gerade geschütteten Fundamenten des Kühlhauses, als ein röhrendes Geräusch sie aufschreckte. Die Lärmquelle war rasch ausgemacht: Ein riesiger Schaufelbagger des Fabrikats Caterpillar setzte sich in Bewegung und fuhr mit hohem Tempo in Richtung Stadt. Hoch oben in der Schaufel standen zwei Leute, ein dritter hockte am Steuer. Hinter dem Hafen nahm der Weg eine Kurve, in der ein altes Holzhaus stand. Eigentümerin war eine ältere Dame, die ohnehin schon zweimal beim „Nordsee"-Makler angeklopt hatte, weil sie das Haus an die Deutschen verkaufen wollte.
Zufällig befand sie sich an diesem Nachmittag nicht daheim, und das war ihr Glück; denn der angeschickerte Fahrer bekam die Kurve nicht und fuhr mit aufgerichteter Schaufel und voller Geschwindigkeit mitten in das Haus hinein, das krachend in sich zusammenstürzte und das riesige Gerät samt Seeleuten unter sich begrub. Keirat und Jacobs eilten zum Unfallort und hatten kaum noch Hoffnung, Überlebende in diesem Trümmerfeld zu fin-

den, als die drei Seeleute stinkbesoffen zwar, aber quietschvergnügt und unversehrt aus dem Holzhaufen krabbelten, der kurz zuvor noch ein Haus gewesen war.

Die alte Dame war ihr Haus schneller los, als sie es je sich hätte erträumen lassen, und über den Preis brauchte sie gar nicht lange zu verhandeln. Noch vor ihr war an den Rudimenten ihres einstigen Wohnsitzes die Gendamerie erschienen, die den drei Seeleuten – Remmer Jacobs als Besatzungsmitglieder der „Neufundland" wohl bekannt – noch gutem altem Brauch zunächst einmal Handfesseln anlegte und sie sodann in das immer noch feuchte Gefängnis führte.

„Was soll mit Ihren Leuten geschehen?" erkundigte sich Guy Paturell, der Makler, beim Kapitän.

„Die bleiben bis fünf Minuten vor dem Auslaufen im Gefängnis", entschied Remmer Jacobs. „Und sie werden mit Polizeieskorte zum Schiff gebracht ..."

Man muß wissen: Jacobs, ein Abstinenzler reinsten Geblütes, hat nie in seinem Leben einen Tropfen Alkohol zu sich genommen. Seinen Leuten gegenüber zeigte er sich jedoch tolerant. Sein Devise lautete: „Trinken dürft ihr schon mal, wenn es im Rahmen bleibt, aber niemals saufen!"

Fünf Minuten, bevor die „Neufundland" ablegte, begann für die drei das Spießrutenlaufen. In Begleitung von Fremdenlegionären erreichten sie im Hafen ihren Trawler. Einem anderen Matrosen von einem anderen Schiff, der bei einem ähnlichen Vorfall auf der Gangway nur kurz stehengeblieben war, um sich umzuschauen, hatte ein Soldat mit dem Stock derart eins übergezogen, daß er sich zwei Tage lang nicht rühren und regen konnte. Die drei „Schäfchen" von Remmer Jacobs jedoch traf solches Ungemach nicht. Für sie waren der eine Tag und die eine Nacht im Knast Strafe genug.

„Sowas passiert uns nie wieder", versicherten sie ihrem Kapitän. „Schrecklich, diese Tropfsteinhöhle, und dazu dann noch Ratten ..."

Schon Monate später fand die Operation Neufundland-Hering, soweit sie den Landstützpunkt betraf, ein jähes Ende, und auf Saint-Pierre kehrte wieder Normalität ein: Die Insulaner begnügten sich mit dem, was sie hatten, und das war wenig genug. Der schmerzliche Einbruch bei den Umschlagzahlen hatte seine Ursache in einer gestörten Partnerschaft, die zuletzt keine mehr war: Weil sie mit den Hafenarbeitern nicht klar kam, ließ die „Nordsee" die gefrosteten Heringslappen fortan nicht auf der Insel, sondern auf See in die Reefer-Kühlschiffe umladen. Dennoch gab die deutsche Hochseefischerei die Basis Saint-Pierre fürs erste nicht gänzlich auf: Sie diente noch eine Zeitlang, etwa bis 1974, für den Umschlag von gefrostetem Kabeljaufilet aus den Fanggebieten bei Neufundland und Labrador. In den Laderäumen verstauten die nun wieder arbeitswilligen Hafenarbeiter von Saint-Pierre außerdem Squid, in deutschen Fischgeschäften besser bekannt und von Feinschmeckern hoch begehrt unter dem Namen Tintenfisch.

QUELLEN
Kapitän Karl Keirat, Cuxhaven-Altenwalde.
Kapitan Remmer Jacobs, Bremerhaven.

Hieven des Fangs auf einem Fangfabrikschiff. (Archiv DSM/FIMA-Archiv)

Kanonendonner auf Sveinsgrund

Europa blickte am 26. September 1972 mit gespannter Erwartung auf Norwegen, das Land mit der längsten Nordseeküste des Kontinents und daher für die Fischereipolitik von allerhöchster Bedeutung. An diesem Tag waren die wahlberechtigten Norweger aufgerufen, in einem Referendum für oder gegen den Beitritt ihres Landes zur Europäischen Wirtschafts-Gemeinschaft (EWG) zu votieren, zur heutigen Europäischen Union (EU). Sie und nicht die Politiker hatten das letzte Wort.

Bis zum Tag der Volksabstimmung bot sich auf den Fangplätzen vor der norwegischen Küste, auf denen außerhalb der Zwölf-Meilen-Zone Trawler aus mehreren Nationen fischten, ein Bild des friedlichen Nebeneinander. Von einem Miteinander konnte zwar nicht die Rede sein. In ihrem ausgeprägten Nationalstolz, aber auch aus nüchtern wirtschaftlichen Motiven sträubten sich bei vielen Norwegern insgeheim die Nackenhaare, wenn sie mit den Händen im Schoß, die sich oft genug zu Fäusten ballten, zusehen mußten, wie unmittelbar vor ihrer Haustür fremde Trawler mit Grundschleppnetzen die Fischbestände dezimierten. Ganz legal sogar.

Andererseits aber wies auch nichts auf ein Gegeneinander hin, war keine feindliche Einstellung erkennbar. Im Gegenteil: Wenn ein Trawler sich dem Hoheitsgewässer näherte, gab das in der Nähe operierende Fischerei-Über-

Fangfabrikschiff „Hans Pickenpack". (Foto P. A. Kroehnert/DSM, Nordsee-Archiv)

wachungsboot der norwegischen Marine durch Lichtsignale zu verstehen: Achtung, Fischereigrenze! Das hieß soviel wie: Bis hierher und nicht weiter!

Sollte ein Trawlerkapitän dennoch diese Signale im Eifer des Fischens übersehen, erhielt er per Funk die Aufforderung, seine Position zu überprüfen. Das war's dann auch schon.

Nach dem Referendum schlug die Stimmung auf den Fangplätzen um. Mit 53,5 Prozent der abgegebenen Stimmen hatten sich die Europagegner durchgesetzt, Ministerpräsident Bratteli trat zurück. Das Wahlergebnis muß wohl das Signal für die norwegische Marine gewesen sein: Auch sie ging nun auf Gegenkurs zu Europa.

Den Umschwung bekamen als erste am 11. Oktober die 45 Männer auf dem Hamburger Fangfabrikschiff FMS „Hans Pickenpack" (1581 BRT) der Reederei Fock & Pickenpack zu spüren, und zwar sogar knüppeldick. Der Trawler hatte gerade auf dem Fangplatz „Sveinsgrund" nach einem Hol das Fanggeschirr an Deck gehievt und dümpelte mit gestoppter Maschine und bei umlaufenden Winden in Stärken fünf bis sechs außerhalb der Fischereigrenze. Anlaß für die Zwangspause im Fangbetrieb war eine unumgängliche Reparatur: Der Bestmann hatte von Kapitän Richard Neu (damals 42) zwanzig Minuten Zeit erbeten, um am Rollengeschirr zwei defekte Flügel auszuwechseln. Das war gegen 21 Uhr.

Während der Arbeiten trieb der starke Golfstrom die „Hans Pickenpack" in nordöstliche Richtung und damit allmählich in norwegisches Hoheitsgebiet. Richard Neu, von seinen Kapitänskollegen „King Richie" genannt, wußte das, aber er wußte auch, daß er damit keineswegs gegen internationales Seerecht verstieß: Das Schleppnetz lag immer noch an Deck. Nur Fischen wäre verboten gewesen.

„Hans Pickenpack" nahm wieder Fahrt auf. Erst als der Kapitän durch Peilung festgestellt hatte, daß der Trawler 17,2 Seemeilen Abstand zur Landzunge Teistneset erreicht hatte und sich somit wieder weit außerhalb des Hoheitsgewässers befand, ließ er das Grundschleppnetz bei 320 Grad rechtweisendem Kurs aussetzen und 350 Faden (648 Meter) Kurrleine wegfieren. Was er allerdings nicht bemerkt hatte: Der 1. Steuermann, mit dem er zusammen Brückenwache ging, hatte schon einige Zeit vorher das Fischereilicht eingeschaltet und damit, so ist anzunehmen, ungewollt die norwegische Marine alarmiert.

Währenddessen hatte sich King Richie über Funk mit Kapitän Gerd Karnatz (Spitzname „Brackermann") unterhalten, der mit seinem hochmodernen Fangfabrikschiff „Bonn" der „Nordeee" Deutsche Hochseefischerei AG ganz in der Nähe fischte. Als er ihn nach seinen Beobachtungen („Irgendwas Verdächtiges?") befragte, antwortete Brackermann kurz und bündig:

Kapitän Richard Neu.

„Hier ist keine Luus (Laus) zu sehen ..."
Richard Neu seinerseits hatte im Fjord zwar ebenfalls keine Laus, wohl aber einen bewegungslosen Schatten auf dem Radarschirm ausgemacht und sich gewundert: Seit wann gibt es denn hier Eisberge? Dieser vermeintliche „Eisberg" sollte in den nächsten Minuten Fahrt aufnehmen und rasch näherkommen.
Käpt'n Neu sah in diesem Schatten noch immer keinen Grund zu Besorgnis. Er lehnte sich vielmehr entspannt in seinen Sitz auf der Brücke zurück. Es war übrigens seine erste Reise als Kapitän auf der „Hans Pickenpack". Das Schiff jedoch kannte er aus dem Effeff. Er hatte es zwei Jahre unter Kapitän Paul Joswig als „Erster" gefahren.
„Wir waren ein starkes Team. Er einsfünfundneunzig, ich einsfünfzig. Aber wir paßten trotzdem großartig zusammen", erinnert sich Neu gerne an diese Zeit. In Wahrheit mißt er selbstverständlich etwas mehr.
Um 21.40 Uhr war es vorbei mit der Gemütlichkeit auf Sveinsgrund. Ein greller Scheinwerfer strahlte den Trawler aus kurzer Distanz auf Backbordseite an und tauchte die Brücke in taghelles Licht. Ein schärferer Kontrast hätte es nicht sein können zu der dunkelsten Nacht draußen auf dem Wasser nördlich vom Polarkreis.
Richard Neu schaltete das Ukw-Gerät auf den internationalen Kanal 16.

„Welches Schiff ist längseits?" bellte er in den Hörer. („Ich neigte", sagt er, inzwischen ist ein gutes Vierteljahrhundert seit dem Vorfall vergangen, zu seiner Entschuldigung, „damals noch stark zum Jähzorn.")
Es meldete sich der Kommandant des norwegischen Küstenwachboots „Senja". Er forderte „Hans Pickenpack" auf, auf Kanal 6 zu schalten.
„Was wünschen Sie, over?" fragte Neu auf Kanal 6.
„Sie fischen verbotenerweise im norwegischen Hoheitsgewässer, over."
Neu erschrak zunächst, schaute dann aber auf sein Radargerät und vergewisserte sich: Sein Schiff befand sich exakt 1,47 Seemeilen, das sind 2,5 Kilometer, außerhalb des Hoheitsgebietes. Das teilte er der „Senja" mit und beschloß seine Antwort mit dem Satz: „Sie befinden sich folglich im Irrtum."
Neu fischte zunächst unbehelligt, aber auch unbeeindruckt weiter. Die „Senja" ließ nicht locker.
„Hans Pickenpack, holen Sie Ihr Fanggeschirr an Deck. Nehmen Sie in Andenes einen Fjordlotsen. Fahren Sie nach Harstad, und stellen Sie sich einer polizeilichen Ermittlung."
Richard Neu sah voraus, was ihm, der Besatzung und vor allem der Reederei blühte. In Harstad würde Aussage gegen Aussage stehen und die des Kommandanten den Ausschlag geben. Die bereits verarbeitete Menge von 520 Tonnen gefrostetem Kabeljau im Werte von rund zwei Millionen DM würde unweigerlich beschlagnahmt werden. Der Reeder müßte sein Schiff mit einer Geldbuße von womöglich einer halben Million DM auslösen, und ihn selbst würden die Norweger mit einer Strafe von 40 000 bis 50 000 DM belegen.
King Richie beschloß, den Reeder Jan Pickenpack in Hamburg aus dem Bett zu holen und um Rat zu fragen. Aber der schlief noch gar nicht, als bei ihm kurz vor 22 Uhr das Telefon läutete.
Die Villa des Reeders am Elbufer in Blankenese war hell erleuchtet, es lief gerade eine Party. Die Gäste drängten sich um den telefonierenden Reeder und wurden so Zeugen eines Polit-Thrillers, der sich irgendwo fern im Norden auf Sveinsgrund in Höhe von Tromsö abspielte. Richard Neu beschrieb seine mißliche Lage und fragte nach, wie er sich verhalten solle.
Niemand außer ihm selbst kann sagen, welche Gedanken Jan Pickenpack in diesem Moment durch den Kopf geschossen sein mögen. Selbstverständlich wird ihm sofort bewußt gewesen sein: Wenn Richard Neu jetzt klein beigibt, wären 2,5 Millionen DM zum Teufel. Aber er wird in diesen schicksalsschweren Minuten auch seinen Kapitän vor sich gesehen haben, wie er da auf der Brücke stand: von kleiner Statur zwar, aber vor Energie sprühend, selbstbewußt, vermutlich vor Wut kochend über die Ungerechtigkeiten dieser Welt. Eben King Richie, wie er leibt und lebt. Und der gibt nicht so leicht auf.

Jan Pickenpack riet, auf keinen Fall nach Harstad zu dampfen, sondern weiter in internationalen Gewässern zu verhandeln und die deutsche Botschaft in Oslo anzurufen. Das tat er selbst übrigens dann auch. Doppelt gemoppelt ist besser.

In Oslo hob niemand ab. Neu verstand die Welt nicht mehr. Daß man eine deutsche Botschaft – der diplomatische Vertreter der Bundesrepublik war damals Botschafter Dr. Ritzel – nicht erreichen kann, wenn man sie wirklich einmal ganz dringend braucht, für ihn nicht nachzuvollziehen.

Der Ton auf dem Fangplatz wurde allmählich ruppiger. Um 22 Uhr forderte „Senja" den Hamburger Trawler ultimativ auf, das Fanggeschirr sofort an Deck zu nehmen. *Sofort!*

Neu fragte zurück: „Aus welchem Grund soll ich hieven?"

Darauf der Kommandant: „Ich habe dort, wo ich Sie angetroffen habe, eine Boje ausgelegt und möchte mit Ihnen an Ort und Stelle einen Radar-Meßvergleich durchführen."

Neu stimmte zu, nahm das Fanggeschirr an Deck und kam mit „Hans Pickenpack" längsseits. Er war sich seiner Sache vollkommen sicher. Während des Hievens hatte er seinen Wachsteuermann Hinrich Meyer wecken lassen, der perfekt englisch sprach und fortan nach seinen Weisungen die Verhandlungen führte.

Um 22.25 Uhr lag das Fanggeschirr an Deck, um 22.50 Uhr befand sich „Hans Pickenpack" neben der ausgelegten Boje.

Die Radarmessungen auf dem Hamburger Fangfabrikschiff ergaben die gleichen Abstände, die auch „Senja" ermittelte: Die Boje lag 1,5 Seemeilen außerhalb des norwegischen Hoheitsgewässers, umgerechnet 2,7 Kilometer.

Richard Neu bat den „Senja"-Kommandanten, Offiziere auf die „Hans Pickenpack" überzusetzen, damit anhand der Seekarten und Radarpeilungen die strittigen Fragen geklärt werden könnten.

Von der „Senja" kam über Funk ein harsches „No". Erst viele Tage später fiel dem Käpt'n ein, daß der Kommandant auch hätte „Yes" sagen und ein bewaffnetes Prisenkommando schicken können. Mit Maschinenpistolen im Anschlag. Dann aber: Ab nach Harstad!

King Richie über Funk: „Ich weise Sie darauf hin, daß Sie dabei sind, gegen die Artikel 22 und 23 des Genfer Abkommens von 1958 über die Hohe See[*] zu verstoßen. Ich lehne es weiterhin strikt ab, Harstad anzulaufen."

Solche juristischen Finessen waren Neu bis zu diesem Zeitpunkt gar nicht geläufig gewesen. Dafür kannte sich Wachsteuermann Hinrich Meyer in der Materie um so besser aus. Als Oberleutnant der Reserve hatte er sich bei der Bundesmarine einiges seerechtliches Wissen angeeignet, und das

---

[*] Nach diesem Abkommen kann ein Schiff in internationalen Gewässern nur aufgebracht werden, wenn ihm folgende Delikte zur Last gelegt werden: Konterbande, Waffenschmuggel, Sklavenhandel und Flaggenmißbrauch.

Handbuch mit dem Text des Abkommens trug er unter dem Arm, als er auf der Brücke erschien.
Der „Senja"-Kommandant ließ sich auf keine seerechtliche Diskussion ein.
„Ab sofort stehen Sie und Ihr Schiff unter Arrest", funkte er zurück. „Ich habe eine Kanone an Bord. Wenn Sie, Herr Kapitän, meinen Anordnungen nicht Folge leisten, werde ich davon Gebrauch machen ..."
Jetzt wurde es todernst.
Richard Neu rief erneut über Funk seinen Reeder an.
„Herr Pickenpack, ich stehe unter Arrest. Wenn ich Harstad nicht anlaufe, wird scharf geschossen."
„Herr Neu, was für eine Kanone hat er denn an Bord?"
Den lauschenden Partygästen in seinem Haus an der Elbe wurde allmählich mulmiger.
„Ich weiß es nicht. Vielleicht fünf Zentimeter."
„Ach Herr Neu, halten Sie den Kopf bloß nicht dahin, wo geschossen wird. Die Löcher schweißen wir im Hafen wieder zu."
„Herr Pickenpack, ich möchte von Ihnen aber eine genaue Anweisung, wie ich mich verhalten soll."
„Herr Neu, verhalten Sie sich so, wie es Ihnen Ihre Vernunft sagt."
„Herr Pickenpack, auf diese Antwort habe ich seit zwei Stunden gewartet, denn ich werde mich der Arrestierung entziehen. Drücken Sie mir die Daumen, auf Wiederhören."
King Richie rief alle Offiziere auf die Brücke und kündigte ihnen sein Vorhaben an. Zum Chief gewandt:
„Alles Überflüssige abschalten, alle Kraft auf die Schraubenwelle legen."
Zum 2. Steuermann:
„Alle Besatzungsmitglieder unter Deck! Wenn Granaten einschlagen, soll niemand verletzt werden."
Zum 1. Steuermann Hermann Carstens:
„Alle Lichter an Deck löschen. Wenn du die Lampen nicht ausgeschaltet kriegst, schlag' sie mit dem Kusenbrecher kaputt!"
Kusenbrecher nennt man auf Fischereifahrzeugen einen speziellen großen Schraubenschlüssel. Auf der einen Seite ist er glatt, auf der anderen hat er Zacken. Paßt für jeden Schäkelkopf.
Und, weil Neu ahnte, daß die „Senja" zuerst auf die Kommandobrücke zielen würde, zu Hinrich Meyer: „Du gehst auch unter Deck. Ich habe mich zur Flucht entschlossen und führe sie auch aus. Wenn ich dabei draufgehe, mußt du das Schiff übernehmen."
Wachsteuermann Meyer weigerte sich standhaft, die Brücke zu verlassen.
„Gut, dann sterben wir eben beide den Heldentod."
Hermann Carstens schlich währenddessen bereits wie ein Indianer auf

Fährtensuche tief gebückt über das Deck und pustete jede Lampe, die noch brannte, mit einem Hieb aus. Fortan leuchteten nur noch die Positionslaternen.

Auf der Brücke steckten Neu und Meyer den Kurs ab. Der Käpt'n mußte schließlich davon ausgehen, daß nicht nur die „Senja" die Verfolgung aufnehmen, sondern auch die beiden anderen Küstenwachboote „Stavanger" und „Nordkappen" eingreifen und versuchen würden, „Hans Pickenpack" den Weg abzuschneiden und in die Zange zu nehmen. An Geschwindigkeit war der Trawler den Kriegsschiffen weit unterlegen.

Wenn es dazu gekommen wäre, stand für Richard Neu fest: Er würde das Kriegsschiff, das ihm vor den Bug gelaufen wäre, in Notwehr rammen.

Gegen 23 Uhr legte der Käpt'n den Starthebel auf 10: Volle Fahrt voraus! Neu wählte einen Kurs von 260 bis 310 Grad. Er hatte sich vorgenommen, erst Jan Mayen anzusteuern und dann in Richtung Färöer abzudrehen. Als „Hans Pickenpack" einen Abstand von vier Seemeilen zur Boje erreicht hatte, rief die „Senja" wieder an:

„Kapitän, was machen Sie?"

„‚Senja', ich dampfe von hier weg, aber nicht nach Harstad."

Neu schaute auf sein Log: Der Fahrgeschwindigkeitsmesser zeigte 13 Knoten an. Die „Senja" aber lief bei voller Fahrt mindestens 20 Knoten. Auf dem Radarschirm sah er, daß die Norweger die Verfolgung aufnahmen. Die Distanz verringerte sich rasch.

Es war Mitternacht, und das Kriegsschiff war bis auf eine Seemeile herangekommen, als der erste Schuß fiel. Die beiden Männer auf der Brücke warfen sich auf den Boden und warteten auf den Einschlag. Nichts. Dann der zweite Schuß. Wieder kein Einschlag.

Richard Neu und Hinrich Meyer begaben sich in die Nock außerhalb der Brücke. Sie beobachteten, wie die „Senja" weiter auflief und bis auf 0,4 Seemeilen herankam.

Ein dritter Kanonenschuß.

Der Kapitän und sein Wachsteuermann nahmen wieder keinen Einschlag, wohl aber einen leichten Gasgeruch wahr.

Unbeeindruckt vom Donner der Bordkanone teilte Richard Neu über Funk dem „Senja"-Kommandanten mit, daß er die Flucht fortsetzen werde.

Endlich, um 0.45 Uhr, drehte das Küstenwachboot bei und gab die Verfolgung – in der Sprache des Seerechts: die Nacheile – auf.

Richard Neu war glücklich, stolz und voller Genugtuung, daß er die Besatzung, das Schiff und die wertvolle Ladung in Sicherheit gebracht hatte. Noch kein deutscher Trawlerkapitän vor ihm hatte es je gewagt, sich einer Arrestierung, ob sie nun zu Recht oder zu Unrecht geschah, durch eine tollkühne Flucht zu entziehen. Sie und die Reedereien hatten zahlen müssen, schwer sogar.

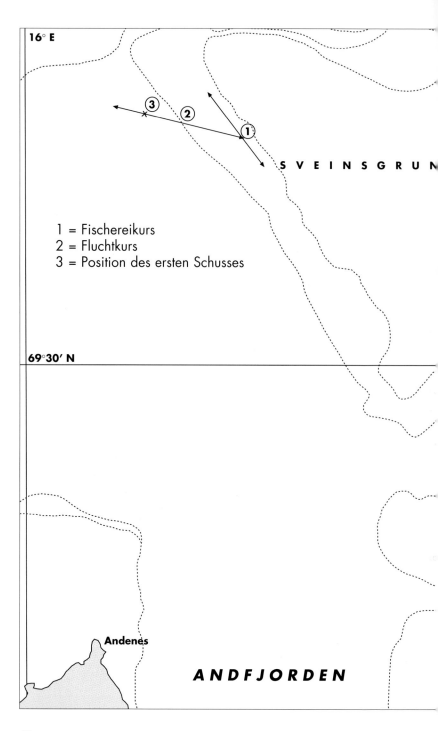

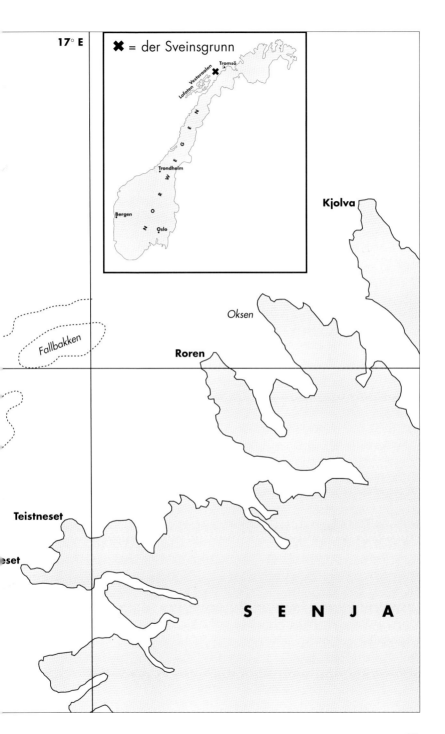

Dennoch – die Aufregung der letzten Stunden hatten seinen Nerven stark zugesetzt. Um sich zu entspannen, beraumte er in der Mannschaftsmesse eine Skatrunde an. Um 3 Uhr begab er sich in die Koje. Nach tiefem Schlaf erwachte er erst gegen 7.30 Uhr. Er widmete sich der morgendlichen Toilette und ging wieder auf die Brücke. Hinrich Meyer hatte noch Wache. Es war ein herrlicher Morgen: spiegelglatte See, kein Wölkchen am Himmel, und die Sonne guckte eben über den Horizont hinweg.

„Guten Morgen, Hinrich!"

„Guten Morgen, Richard!"

„Wie sieht es aus? Wo ist unsere jetzige Position?"

„Hans Pickenpack" befand sich inzwischen 80 Seemeilen von der Küste entfernt.

„Okay, du kannst jetzt die Brücke verlassen, ich übernehme die Wache." Sodann gab er dem Rudergänger den Befehl: „Das Ruder hart Steuerbord! Neuer Kurs: 75 Grad!"

Hinrich Meyer, der im Gehen begriffen war, starrte den Alten an.

„Dann fahren wir ja dahin zurück, wo wir hergekommen sind."

„Richtig. Wir wollen doch gemeinsam das Schiff noch vollfangen. Eher trete ich die Heimreise nicht an. Wir fahren zum Fangplatz Malangen."

„Na, wenn das man gutgeht. Was willst du machen, wenn uns die ‚Senja' angreift?"

„Das kann sie nicht. Sie hat die Nacheile abgebrochen. Nach internationalem Seerecht ist das ein Beweis, daß wir keine Schuld haben."

Gegen 15 Uhr traf die „Hans Pickenpack" auf dem Fangplatz ein. Die in der Nähe fischenden Trawlerkapitäne hießen ihren King Richie herzlich willkommen und beglückwünschten ihn zu seinem seemännischen Streich. Am meisten freute sich Kapitän Erich Korsch, der die „Julius Pickenpack" führte. Er klärte Richard Neu auch über die Bewaffnung der „Senja" auf.

„Richard, wenn du glaubst, ‚Senja' hat nur eine 2,5-Zentimeter-Feuerspritze an Bord, dann bist du im Irrtum. Die haben eine 8-Zentimeter-Kanone. Wenn die Norweger scharf geschossen und an der Wasserlinie ein großes Loch gerissen hätten, wäre euer Schiff abgesoffen wie ein Stein."

Richard Neu begriff, daß der Kommandant die scharfen Granaten im Munitionsdepot gelassen und besonnener gehandelt hatte, als seine militärischen Vorschriften es womöglich verlangten.

Gerade deswegen wollte die „Senja" nun noch einmal Macht demonstrieren. Das Küstenwachboot erschien auf dem Fangplatz Malangen und begann damit, auf allen deutschen Trawlern die Netzmaschen zu kontrollieren. Nach den Bestimmungen dürfen die Maschen am Netzsteert zum Schutz des Fischnachwuchses nur eine bestimmte Weite aufweisen.

Wie die „Senja" vorging, ließ bei Neu schlimmen Verdacht aufkommen. Alle deutschen Trawler waren inzwischen kontrolliert worden, nur die „Hans

Pickenpack" noch nicht. Endlich gab die „Senja" über Ukw kund, daß man zu Neu an Bord kommen wollte.
Nun aber zeigte King Richie seinerseits Muskeln:
„Ich bin damit einverstanden, daß die Netzmaschen gemessen werden, aber nicht von der ‚Senja'. Sie, Herr Kommandant, und Ihre Offiziere könnten voreingenommen sein."
Weil die „Hans Pickenpack" noch länger zu fischen hatte, wiederholte sich das Ritual an den darauffolgenden Tagen: „Senja" wollte, Richie wollte nicht.
Nach vier Tagen gab Richard Neu nach und ließ das Fanggeschirr einholen. Um die norwegische Abordnung martialisch empfangen zu können, zog er sich noch schnell um. Als das von der „Senja" ausgesetzte Boot längsseits kam, trug er eine schwarze Hose, ein schwarzes Hemd und schwarze Cowboystiefel. Dazu setzte er seine grimmigste Miene auf. Der Leutnant Knut Andreesen erschien auf der Brücke und zeigte seinen Spezialausweis vor. Neu erteilte ihm die Erlaubnis, das Netz zu kontrollieren, und befahl der Decksbesatzung, ihm dabei behilflich zu sein.
Die Norweger fertigten ein Protokoll an; sie hatten nichts zu beanstanden. Leutnant Knut Andreesen erschien abermals auf der Brücke und fragte, ob er für die Besatzung Fische bekommen könne.
„Selbstverständlich", antwortete Neu und ließ drei Zentner Fische an das norwegische Boot bringen. Der Offizier bedankte sich und setzte zur „Senja" zurück. Richard Neu aber ärgerte sich im nachhinein über seine Unhöflichkeit. Er war sich darüber im klaren, daß er dem Kommandanten hätte dankbar sein und ihm zumindest eine Flasche guten alten Whisky schicken müssen. Es hätten schließlich auch scharfe Schüsse fallen können.
Zwölf Tage nach dem Vorfall waren die Tiefkühlräume mit 600 Tonnen Fischfilet gefüllt. Dafür mußten 36 000 bis 38 000 Zentner Kabeljau gefangen werden.
Die „Hans Pickenpack" konnte endlich Kurs auf die Elbe nehmen. Als sie in Hamburg eintraf, erlebte die Besatzung einen fröhlichen Empfang. Auch Reeder Pickenpack stand auf der Kaje. Richard Neu dachte schon, jetzt gibt es einen Tausend-Mark-Schein extra, aber der Reeder sagte nur und strahlte dabei glückselig:
„Das haben Sie aber fein gemacht."

NACHSPIEL

Zwei Tage nach der glücklichen Heimkehr erhielt Richard Neu die Aufforderung, bei der Staatsanwaltschaft zu erscheinen: Die Norweger hatten gegen ihn nicht nur Haftbefehl erlassen, sondern auch einen Auslieferungsantrag gestellt. Von der Wasserschutzpolizei war Polizeihauptkom-

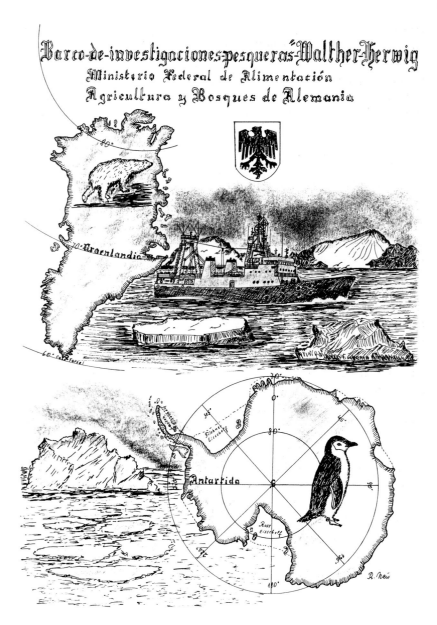

Erinnerungsblatt an seine Fahrten mit dem Fischereiforschungsschiff „Walther Herwig" (II), gezeichnet von Richard Neu.

missar Gerhard Riedel anwesend, der ihn beruhigte: „Sie werden niemals ausgeliefert. Sie haben ja kein Kapitalverbrechen begangen."

Fortan vermied Richard Neu es peinlich, sich mit der „Hans Pickenpack" dem norwegischen Hoheitsgewässer allzusehr zu nähern. Einmal, als er dringend Brennstoff bunkern mußte, sprach er Kapitän Hein Marschall vom Trawler „Julius Fock" an, der ebenfalls unter der Schornsteinmarke von Pickenpack fuhr.

„Hein, in drei Tagen muß ich Brennstoff nehmen. Wenn ich in Hammerfest auftauche, werde ich sofort verhaftet. Die warten da schon auf mich. Gib mir deinen 1. Steuermann, der das Schiff führen soll. Ich steige solange zur dir über."

Marschall erklärte sich einverstanden. Aber es sollte anders kommen: Die „Julius Fock" wurde überraschend zurückgerufen. Was tun? Dem Käpt'n fiel Honningsvåg hoch im Norden ein. Da würde man wohl von einem Haftbefehl gegen einen gewissen Richard Neu, wohnhaft in Hechthausen, nichts wissen. Er ließ in Honningsvåg anrufen. Die Antwort kam prompt: „Selbstverständlich können Sie bei uns bunkern."

Richard Neu schlotterten bestimmt ein wenig die Knie, als er erstmals nach dem Vorfall wieder in norwegisches Gebiet lief. Vor ihm an der Pier übernahm gerade das Kreuzfahrtschiff „Stella Maris" Brennstoff. Als die „Hans Pickenpack" endlich gebunkert hatte, schlich sich Neu so schnell und unauffällig wie möglich über die Zwölf-Seemeilen-Grenze – hinaus in die freie Nordsee.

QUELLEN

Richard Neu, geboren am 1. November 1930 in Kaupin, Kreis Tauroggen in Litauen. Wegen ihrer deutschen Staatsangehörigkeit zog die Familie 1940 aufgrund des deutsch-sowjetischen Abkommens nach Schleswig-Holstein. Neu erlernte zunächst den Beruf des Netzmachers und Taklers, ehe er 26jährig seine seemännische Laufbahn begann. Seit 1969 Trawlerkapitän. 1975 wechselte er als Nautischer Offizier auf dem Fischereiforschungsschiff „Walther Herwig" in die Dienste des Bundesministeriums für Ernährung, Landwirtschaft und Forsten. Nun im Ruhestand.

Dr. Renate Platzöder, Stiftung Wissenschaft und Politik, Ebenhausen (Isartal).

Brackermann kauft auf See einen Fernseher

Es gibt Momente im Bordalltag auf deutschen Trawlern, da besteht auf der Brücke kein Anlaß zu erhöhter Aufmerksamkeit. Wenn dazu in der nördlichen Nordsee oder im Nordmeer die schwärzeste Nacht angebrochen ist, in die zu starren ohnehin kein Vergnügen bereitet, sehnen sich so mancher Nautiker und selbst der brave Rudergänger nach ein wenig Abwechslung, nach Zeitvertreib, gar nach Unterhaltung. Solche Wünsche erfüllt bekanntlich ein apart gebeizter hölzerner Kasten mit eingefaßter, leicht nach außer gewölbten, also konvexer und irgendwie undurchsichtig erscheinender, grauer Frontscheibe – ein Fernseher.
Kapitän Herbert Mund (damals 36 Jahre alt) hatte 1973 längst schon einen auf der Brücke plaziert. Ihm unterstand damals das Fangfabrikschiff „Tübingen" der „Nordsee" Deutsche Hochseefischerei AG. Daß er ein solches Gerät besaß, das sogar gute Bilder lieferte, sprach sich nur zögerlich in der Flotte herum. Als erster wußte Kapitän Erich Korsch auf der „Julius Pickenpack" davon. Bei ihm stand auch schon eine Flimmerkiste auf einer Konsole und lief im Dauerbetrieb. Zu Gerd Karnatz dagegen, der das Schwesterschiff der „Tübingen", die „Bonn", führte, war bis dahin noch nicht die Kunde gedrungen, daß sein Kollege und Rivale Herbert Mund Krimifolgen wie „Der Kommissar" und deutsche Filme (zum Glück nicht synchronisiert, sondern nur mit nicht sonderlich störenden norwegischen Untertiteln) sehen konnte, während er selbst sich mit der Lektüre alter, zerfledderter Illustrierten begnügen mußte.
Herbert Mund galt wegen dieses Kastens mit den Knöpfen zum Drehen – Fernbedienung war zu jener Zeit noch ein Fremdwort – als Privilegierter. Sein Besitz sollte bald Neid erregen.
Die Flotte mit der „Bonn" und der „Tübingen" fischte im Frühjahr 1973 bei Labrador und bei Grönland. Als den Kapitänen der Fisch weggelaufen war und sie vor Ostgrönland auf soviel Eis stießen, daß sie an den Schelf, den Festlandsockel, nicht herankamen, wies „Nordsee"-Einsatzleiter Manfred Koch seine Trawler an, nach Norwegen zu versegeln. Die Ausbeute lag auch dort nur zwischen drei bis sieben Tonnen Frostfisch pro Arbeitstag. Darauf sagte Herbert Mund zu sich und seinen „Nordsee"-Kollegen: „Das ist zu wenig, laßt uns mal weiter nach Norden gucken."
Die fünf, sechs „Nordsee"-Schiffe trafen auf den nördlicheren Fangplätzen auch Kabeljau an, verloren ihn jedoch nach wenigen Tagen wieder aus den Augen. Die meisten Trawler, auch Norweger waren darunter, dampften wieder nach Süden. Mund und Karnatz hingegen verständigten sich darauf, ihnen nicht zu folgen, sondern auf der Gänsebank östlich von Murmansk ihr Fangglück zu suchen. Selbst daß sie in unterschiedlichen Tiefen

schleppen wollten, galt zwischen ihnen als abgemacht. Sagt Mund. Als die „Tübingen" auf der Gänsebank eintraf, fehlte einer: „Brackermann" mit seiner „Bonn". Herbert Mund: „Wir nannten Gerd Karnatz in der Flotte Brackermann, weil einer seiner Sprüche lautete: Ich bracker' jetzt dort und dort hin."
Die „Bonn" hatte sich auch über Ukw nicht gemeldet.
Mund ließ das Netz aussetzen und fing gar nicht einmal schlecht – Schellfisch, etwa dreißig Tonnen am Tag, die jeweils zehn Tonnen Filet ergaben. Außer der „Tübingen" fischten auf der Gänsebank überwiegend Russen mit ihren alten Seitenschleppern. Da gab es allein wegen der Verständigungsschwierigkeiten keine Zusammenarbeit, kein Teamwork.
Herbert Mund war klar: Du mußt zur Horde zurück. Endlich erreichte er auf Ukw „Brackermann", der entgegen der Absprache mit den anderen Trawlern nach Süden gedampft und inzwischen auf ergiebigere Fischbestände gestoßen war.
„Warum hast du mir nicht Bescheid gesagt ..."
„Aber wir haben doch ..."
„Das haben wir eben nicht. Ich zahl' dir das heim."
Die kurze und selbstbewußte Antwort von Gerd Karnatz auf diese Androhung: „Gefahr erkannt, Gefahr gebannt."
Gefahr gebannt? Da kannte er Herbert Mund schlecht. Der sann auf süße Rache. Und die Gelegenheit dazu sollte sich bald ergeben.
Eines Tages funkte die „Julius Pickenpack" die „Tübingen" an:
„Mensch, Herbert, stell' mal schnell dein Gerät an. Da läuft gerade ein guter ,Derrick' ...", lieferte Kapitänskollege Erich Korsch einen Programmtip, der von vielen mitgehört wurde. Auch von Brackermann.
„Auf welchem Kanal denn?"
Korsch nannte den Kanal.
Nun mischte sich Gerd Karnatz ein. Er rief bei Mund an:
„Ich hab' gehört, du hast einen Fernseher an Bord?"
„Ich hab' nicht einen, ich hab' fünf Stück ..."
„Was willst du mit *fünf* Geräten?"
Da schoß Herbert Mund die Idee durch den Kopf, wie er Karnatz kräftig hereinlegen könnte.
„Das liegt anders", antwortete er, „ich habe die von der Firma Janocha zum Ausprobieren mitbekommen."
„Ist das Bild denn gut?"
„Super sogar. Das heißt: Wie man gerade mit dem Schiff zur Küste liegt."
„Mensch, kannst du mir nicht einen verkaufen? Was kosten die Dinger denn?"
„Moment, ich gehe runter und schaue nach."
Herbert Mund ging nicht herunter, sondern schrieb für sich ein paar fikti-

ve Preise auf, die er Brackermann nannte. Der entschied sich für ein Gerät für 513 DM, wie sich Mund erinnert.

„Den will ich haben!"

„Das kann ich nicht machen", antwortete Mund. „Hinterher bekomme ich mein Geld nicht." (Er wollte Freund Brackermann so richtig zappeln lassen.)

Gerd Karnatz ließ nicht locker: „Wir machen das anders. Ich sammele Geld ein, ich zahle in bar."

Herbert Mund: „Okay, wenn ich das Geld cash herüberkriege, habe ich nichts dagegen."

„Wir kommen gleich mit dem Boot."

„Gleich mit dem Boot? Wir sind hier am Fischen, das geht jetzt nicht."

„Wann denn?"

„Sagen wir: Morgen früh oder besser mittags. Wenn wir beide beim Hieven sind und sich das so paßt."

Gerd Karnatz war einverstanden, Herbert Mund rief seinen Fischmeister Wolfgang Lemke: „Wolfgang, du mußt mir einen Fernseher bauen, verstehst du."

Wolfgang Lemke verstand zunächst einmal gar nichts. So groß sollte er ungefähr sein wie der, deutete Mund auf das eigene Gerät. Und er sollte in einen der Kartons passen, die im Umformerraum standen und Aufschriften wie TV und Philips trugen. In ihnen waren allerdings keine TV-Geräte, sondern Gasstrahler für die Deckslampen gelagert. „Und noch etwas: Den Fernseher für Brackermann mußt du aus Mahagoni-Schotten bauen, damit er auch so schwer wird wie ein richtiges Gerät."

Die Maschine bekam Order, ein paar Räder gleichfalls aus Mahagoni zu drehen. Zu einem Fernsehgerät gehörten letztendlich Knöpfe für die Sendersuche und für die Einstellung der Lautstärke.

Am Morgen – der falsche Fernseher war noch gar nicht ganz fertig – fragte Karnatz schon wieder an. Diesmal wollte er wissen, wie er das Gerät denn wohl anschließen müsse.

„Natürlich an die Funkantenne. Du mußt vom Elektriker Strippen nach vorn legen lassen, das habe ich auch gemacht", erhielt er als Auskunft.

Auf der „Bonn" liefen die Vorarbeiten an. Was Herbert Mund erst hinterher erfuhr: Brackermann ließ nach der Maxime „Wer hier auf der Brücke gucken will, muß auch bezahlen" Geld einsammeln und hatte schnell die Kaufsumme beisammen. Die Männer von der Maschine bekamen vom Käpt'n die Order, ein Bord mit Schlingerleiste für den Fernseher zu bauen. Alle Beteiligten auf der „Bonn" fieberten dem großen Augenblick entgegen, daß es erstmals auf dem Bildschirm zu flimmern beginnen würde. Man war auf alles vorbereitet, nur nicht auf das, was nun passierte.

Inzwischen hatte auch Wolfgang Lemke sein Werk vollendet. Ein Stück Plastik mit der Aufschrift „Einen guten Empfang" ersetzte den Bildschirm, eine Würstchendose täuschte das Vorhandensein einer Braunschen Röhre vor.

Von der „Bonn" setzte ein Boot mit drei Mann (üblich wären zwei gewesen, aber bei einer so bedeutsamen Fracht ...) zur „Tübingen" über. Ein Umschlag mit dem Geld wurde überreicht, die Männer transportierten mit äußerster Sorgfalt den Karton mit dem heiß ersehnten Gerät zum Boot und tuckerten zurück.

Im Funkverkehr zwischen den beiden „Nordsee"-Trawlern trat eine lange Sendepause ein. Nach einiger Zeit ließ Herbert Mund seinerseits ein Boot aussetzen und den Umschlag mit dem Geld zurückbringen. Die beiden Abgesandten sollen bei der Übergabe ziemlich breit gegrient haben.

In der Flotte sprach sich schnell herum, welchen Streich Herbert Mund seinem Freund Brackermann mit dem „Verkauf eines Fernsehers auf hoher See" gespielt hatte. Und da wurde nicht nur vorübergehend schadenfroh gegrinst oder herzlich gelacht, davon spricht man noch heute.

Kapitän Herbert Mund.

QUELLE

Herbert Mund, geboren am 18. November 1937 in Cuxhaven, hatte sich schon als Junge in den Kopf gesetzt, zur Hochseefischerei zu gehen, aber nicht wie sein Vater als Maschinist, sondern an Deck. Weil der Vater damit nicht einverstanden war, mußte er seine Laufbahn in der Großen Fahrt auf Handelsschiffen beginnen. Kaum war er 21 Jahre alt und damit volljährig, ließ er die Schule in Lübeck mit dem eingeplanten Abschluß A 5/2 sausen und wechselte zur Fischerei. Zunächst fuhr er als Matrose und – mit inzwischen erworbenem Patent – als Jungsteuermann auf Seitenfängern. 1967 stieg er als 1. Offizier auf die „Tübingen", ein Fangfabrikschiff der legendären „Uni-Klasse" der „Nordsee" Deutsche Hochseefischerei AG, über und blieb seitdem bei den Vollfrostern. Er fischte nicht nur in der Nordsee und im Nordatlantik, sondern als „Fernfahrer der ‚Nordsee'" auch vor Südafrika und mit der „Bonn" vor Mexiko. Nach 1979, als die „Nordsee" seiner Dienste nicht mehr bedurfte, war er als Fischereiexperte in der Entwicklungshilfe für Länder wie Peru und Pakistan tätig, sogar für eine spanische Firma in Florida. Als sich die Geschichte der Hochseefischerei ihrem Ende zuneigte und die „Nordsee" ihre Heckfänger der „Uni-Klasse" (Mund: „Die schönsten Schiffe der deutschen Trawlerflotte!") verkauft hatte, wechselte er noch für einige Jahre bis zum Eintritt in den Ruhestand 1997 zur Schleppschiffahrt. Sein Schiff war überwiegend als Versorger für Ölplattformen in der Deutschen Bucht eingesetzt. Herbert Mund lebt in Nordholz (Kreis Cuxhaven).

Irrflug in der Wüste Namib

Als den deutschen Hochseefischern die angestammten Fangplätze in der nördlichen Hemisphäre mehr und mehr versperrt blieben oder der Fangbetrieb in den wenigen nicht von den Restriktionen betroffenen Seegebieten sich ganz real nicht mehr rechnete, weil Trawler vieler Nationen jahrelang auf Deubel komm raus Raubbau am Meer getrieben hatten, suchten die Reedereien nach Alternativen und fanden sie vornehmlich im Südatlantik. Mit dem Auffinden ergiebiger Fischgründe allein war es jedoch nicht getan. Die großen Entfernungen zu den Heimathäfen an der Nordsee erforderten aufwendige technische Vorbereitungen und eine ausgefeilte Logistik, aber auch weite Flugreisen. Einen dieser Flüge wird Kapitän Karl Keirat, damals Leiter der Nautischen Abteilung der „Nordsee" Deutsche Hochseefischerei AG, sein Leben lang nicht vergessen. Vermutlich stehen ihm, wenn er die Bilder von damals aus dem Gedächtnis abruft, noch nachträglich die Haare zu Berge.

Damals, das war 1974, als die Fangbeschränkungen auf der nördlichen Halbkugel schmerzhaft durchzuschlagen begannen. Die „Nordsee" hatte sich – wie schon einmal zehn Jahre zuvor – das Ziel gesetzt, als Ersatz für den Kabeljau vor Südwestafrika Seehecht zu fischen und daraus ein „ganz tolles Produkt" (Keirat) zu machen. An dieser Operation sollten die beiden Fangfabrikschiffe „Tübingen" und „Freiburg" teilnehmen, die mit den neuesten Verarbeitungsmaschinen vom Typ Baader 188 und einer „Super-Rohwaren-Vorkühlung" (ebenfalls Originalton Keirat) ausgerüstet waren. Diese Vorkehrungen waren deswegen erforderlich, weil es sich beim Seehecht um einen zwar wohlschmeckenden, aber relativ weichen Fisch handelt, der mit entsprechender Sorgfalt zu verarbeiten war.

Die beiden Trawler, deren Verarbeitungsmaschinen bei einer Probefischerei in der Nordsee nachgestellt worden waren, befanden sich bereits auf der Reise nach Südafrika, als eine neunköpfige „Nordsee"-Delegation ihren Flug von Bremen über Frankfurt nach Johannisburg und weiter mit einer kleinen Maschine nach Walfischbay antrat. Vorher hatte Keirat von der Lufthansa und der South African Airlines Angebote über Preise und Leistungen einholen lassen, die nicht nur diesen einen Flug betrafen, sondern auch ein für beide Fluggesellschaften lohnendes Folgegeschäft umfaßten. Wenn die Abordnung aus Deutschland mit Keirat an der Spitze, einem Stab der Produktionsleiter „See" und zwei Baader-Ingenieuren in Walfischbay die neue Operation Seehecht erst einmal auf einen guten Weg gebracht hatte, galt es für die beauftragte Fluggesellschaft, nach einigen Monaten Austauschbesatzungen nach Walfischbay zu bringen und die abgelösten Crews nach Deutschland zurückzufliegen. Beide Gesellschaften waren erpicht auf

den lukrativen Auftrag, die Lufthansa machte das Rennen, und mit einem ihrer Jets erreichten die neun glücklich Johannisburg.
Den Weiterflug hatte die Lufthansa bei einer Chartergesellschaft gebucht. Den „Nordsee"-Leuten hatte man in Bremen mit auf den Weg gegeben: „Wenn Sie in Johannisburg ankommen, werden Sie gleich nach der Landung in Empfang genommen. Sie fliegen dann sofort weiter."
Die Lufthansa hatte nicht zuviel versprochen.
Das Sofort dauerte jedoch eine Stunde: „Wir kamen morgens um neun in Johannisburg an, und bis wir uns zurecht gefunden hatten, war es zehn," erzählt Keirat.
Ein eleganter junger Mann in der Uniform der südafrikanischen Fluggesellschaft Key Air trat auf die Gruppe zu und verkündete selbstbewußt: „Ich bin Ihr Pilot und bringe Sie nach Walfischbay!"
Damit hatte er, wie sich hernach erweisen sollte, den Mund reichlich voll genommen. Den Weg nach Walfischbay fand ein ganz anderer. Doch der Reihe nach.
Kaum war das Gepäck eingeladen, startete die Maschine, eine schicke zweimotorige Cessna. Die Fluggäste waren von der langen Anreise übermüdet. Auch Karl Keirat, der neben dem Piloten Platz genommen hatte, verfiel in einen Halbschlaf. Als er nach etwa einer dreiviertel Stunde die Augen öffnete, sah er, daß dem Piloten die Schweißtropfen auf der Stirn standen.
„Ist irgend etwas nicht in Ordnung?", erkundigte er sich besorgt.
„Wissen Sie, wo wir sind?", fragte der Pilot, Panik in der Stimme, zurück.
Im nächsten Moment war Keirat hellwach. Voraus und zur Linken sah er nichts als Wüstensand, die Wüste Namib in Mittel-Südwestafrika. Steuerbord waren am Horizont Türme von Gewitterwolken zu erkennen.
„Gehen Sie mit der Maschine runter!" befahl Keirat.
„Das darf ich nicht, die vorgeschriebene Flughöhe beträgt 3000 Meter."
„Wie lange haben wir noch bis Walfischbay?"
„Das weiß ich nicht, ich bin die Strecke noch nie geflogen!"
„Wo sind Sie denn bisher geflogen?"
„Immer von Johannisburg nach Durban und retour."
„Und wie lange haben Sie Ihren Pilotenschein?"
„Seit zwei Jahren ..."
„Dann aber nichts wie runter!"
Nach anfänglichem Sträuben beugte sich der Pilot dem Druck und damit der Vernunft. Als die Cessna eine Flughöhe von 200 bis 300 Metern erreicht hatte, machte Keirat voraus in der Ferne einen hellen Ball aus. Das ist ein Behälter mit Wasser für Lokomotiven, das müßte ein Bahnhof in der Wüste sein, folgerte er. Er befahl dem Piloten, den Bahnhof anzufliegen. Beim ersten Anlauf konnte er den Namen des Bahnhofs noch nicht erkennen,

wohl aber beim zweiten, als die Flughöhe nur noch dreißig bis fünfzig Meter betrug, da gelang es.

„Tses", entzifferte Keirat.

So hatte es auch der 1. Steuermann gelesen, der als Ablösung die Reise mitgemacht hatte.

„Zeigen Sie mal Ihre Karte!"

Es stellte sich heraus, daß sich im Cockpit nicht einmal eine Karte befand, nach der der Pilot sich hätte orientieren können. In einem Schubfach lagen jedoch zum Glück Streckenkarten. Beim Lesen erkannte Keirat als erfahrener Nautiker auf den ersten Blick, daß sich die Cessna keineswegs auf Kurs Walfischbay befand.

„Wie sind Sie denn überhaupt geflogen?"

„Nach dem Kompaß. Aber ich bin vor dem Gewitter immer weiter nach Südwesten ausgewichen", bekannte der Pilot.

„Naja, dann kommen wir irgendwann zur Küste und können zur Not am Strand landen."

Plötzlich entdeckte Keirat auf der Karte den Name Tses. Er wies den Piloten an, in fünfzig Meter Höhe dem Gleiskörper und den Telegrafenmasten nachzufliegen. Einwände wie „Das darf ich nicht" wischte er energisch beiseite und setzte sich durch.

„Wieviel Sprit haben wir noch?"

„Für vielleicht 25 Minuten."

Jetzt wurde es dramatisch. Keirat steckte auf der Karte den Kurs ab und kam zu dem Ergebnis, daß der Treibstoff eigentlich noch bis Keetmanshoope reichen müßte. Und er entdeckte bei Keetmanshoope das Zeichen für einen Flugplatz.

Mittlerweile hatten auch die anderen bemerkt, daß irgend etwas nicht stimmte. Keirat beruhigte sie, auch „meinen Freund Karl-Heinz Wilken". Wenn der Sprit verbraucht sein sollte, würde die Maschine eben auf der Piste neben dem Bahngleis landen. Das würde bei dem schwachen Autoverkehr von täglich vielleicht einem Fahrzeug, maximal zweien, auf alle Fälle gelingen.

Vor Keetmanshoope war noch eine kleine Bergkette zu überwinden. Kurz vor diesem Hindernis begann der Pilot, mit einer Handpumpe den Rest Sprit aus dem Tank zu holen.

„Das hörte sich scheußlich an. Jeder an Bord hatte inzwischen mitbekommen, was los war und daß gerade die letzten Tropfen durch die Rohre flossen. In diesem Augenblick wurde selbst mir blümerant."

Keirat faßte aber schnell wieder Mut, als er hinter der Bergkette Keetmanshoope erblickte und rechts davon den Flugplatz. Einen modernen Nachtflughafen sogar, der eigens wegen der damaligen Angolakrise gebaut worden war.

Kurz vor dem Tower blieb der Backbordmotor der Cessna stehen, aber der Pilot hatte trotzdem schon wieder Oberwasser bekommen.

„Wir tanken jetzt auf und fliegen dann sofort weiter!" verkündete er.

„Nichts da", erwiderte Keirat. „Wir suchen uns hier ein Hotel und werden beim Abendessen beratschlagen, ob wir einen Bus chartern oder mit Ihnen weiter nach Walfischbay fliegen. Machen Sie inzwischen schon mal Ihre Maschine klar ..."

Der Flughafendirektor empfahl den Männern aus Deutschland das Canyon-Hotel. Als sie die Empfangshalle betraten, kam gerade über Lautsprecher die Durchsage: „Captain Keirat, bitte ans Telefon."

Am anderen Ende der Leitung war Harald Denewil, der Makler der Reederei in Walfischbay.

„Wir hatten Sie verloren und waren schon in größter Sorge."

„In der Maschine war die Funkpeilung defekt", beruhigte Keirat ihn.

„Soll ich Ihnen einen Bus schicken?"

„Warten Sie noch, das bereden wir heute Abend."

Beim Abendessen sagte Keirat zu den anderen: „Bestellt euch ruhig einen Whisky mehr, das muß alles Key Airline bezahlen ..." Die Männerrunde beschloß, trotz des gerade überstandenen Horrortrips weiter mit dem schneidigen Piloten nach Walfischbay zu fliegen. „Starten und landen kann er ja", war die einhellige Meinung. Einig waren sich alle aber auch: Käpt'n Keirat müsse weiter als Navigator tätig sein. Und der setzte dann durch, daß der Pilot eine nicht vorgesehene große Runde über Swakopmund und Lüderitz flog, bevor die Maschine sanft in Walfischbay aufsetzte.

Am Flughafen wartete schon die Besatzung eines schwedischen Großtankers, der wegen der in dieser Region extrem trockenen Luft in Walfischbay eingemottet worden war und auf bessere Tage im internationalen Ölgeschäft wartete. Ihr gab Käpt'n Keirat einen guten Rat mit auf den Heimflug:

„Euer Kapitän muß die Navigation übernehmen und stets auf Kompaß und Funkfeuer achten, sonst hätte ich schwerste Bedenken ..."

Einige Wochen später, wieder in Cuxhaven, platzte Keirat beinahe der Kragen, als er die Rechnung der Key Airline auf den Schreibtisch bekam. Besaß doch die Gesellschaft tatsächlich die Stirn, von der „Nordsee" den Preis für zehn Übernachtungen und zehn Abendessen zu verlangen – also für den orientierungslosen Piloten eingeschlossen. Offensichtlich hatte der Pilot es nicht gewagt, seinem Chef den Irrflug zu beichten.

Die Rechnung wurde später storniert.

QUELLE
Kapitän Karl Keirat, Cuxhaven-Altenwalde.

Die vermasselte Silberhochzeit

Nichts mehr schien dem seit Monaten geplanten Beisammensein in trautem Familienkreis entgegenzustehen. Sein Schiff würde eine gute Weile vor dem festlichen Ereignis in den Rostocker Hafen einlaufen, so dachte er, so vermeinte es Hans-Heinrich Mundt, 2. Technischer Offizier auf dem Fangverarbeitungsschiff (FVS) „Peter Nell" (ROS 307), am Tage der Abreise ganz sicher zu wissen. Wochen später erwies sich: Er sollte sich gründlich geirrt haben. Die Schicksalsgöttin, mehr aber seine Vorgesetzten waren ihm nicht sehr wohlgesonnen.
Als der große Tag, der 22. Juli 1985, gekommen war, saß Ehefrau Herta Mundt zwar mit ihren drei Kindern Gabriele (damals 24 Jahre), Bodo (22) und Birgit (21), ihrer Mutter und der Schwiegermutter beim Kaffee, aber keineswegs silberhochzeitlich gestimmt, sondern voller Groll. Denn eine Hauptperson fehlte am festlich gedeckten Tisch: ihr angetrauter Gatte, mit dem sie an diesem schönen Sommertag das 25jährige Ehejubiläum feiern wollte. Ihr Unmut richtete sich, weil sie es nicht besser wissen konnte, zuvorderst gegen Hans-Heinrich Mundt, den vermeintlich säumigen Silberbräutigam. Das war aber nun wirklich der falsche Adressat. Ihn traf nicht

Fangverarbeitungsschiff „Peter Nell" ROS 307. (Foto Sammlung Dietrich Strobel)

die geringste Schuld an seiner Abwesenheit. Mundt befand sich zu diesem Zeitpunkt gar nicht weit von Rostock entfernt in Cuxhaven und fühlte sich seinerseits von Gott und der Welt und vor allem von der Rostocker Fangleitung verlassen.

Die Genossen vom Volkseigenen Betrieb (VEB) Fischkombinat Rostock hatten es nicht einmal für nötig gehalten, Herta Mundt darüber zu informieren, daß sie das Ehejubiläum ohne ihren Mann begehen müsse. Viel ärgerlicher noch: Sie hätten es sogar in der Hand gehabt, ihn – wenn auch im letzten Augenblick – anreisen zu lassen. Die Strecke von Cuxhaven nach Rostock wäre per Bahn in einigen Stunden zu bewältigen gewesen, aber sie führte nun einmal durch das Hoheitsgebiet des Klassengegners. Politisch war das für sie eine heikle Angelegenheit. Aber menschlich? Sie kannten den Termin der Mundtschen Silberhochzeit schon seit Wochen.

Hans-Heinrich Mundt wird den Wortlaut des Telegramms, das er in Cuxhaven erhielt, sein Leben lang nicht vergessen:

„Einreise per Land nicht möglich, da Silberhochzeitsreise erst im Oktober beginnt."

Das war die Ausrede, die man sich in Rostock einfallen ließ, um verhindern zu können, daß sich Mundt auf gefährliches Terrain begeben und womöglich Einflüsterungen der Kapitalisten erliegen könnte.

Den Chefs des Fischkombinats hatte ebenfalls bereits seit Wochen der Antrag von Hans-Heinrich Mundt für den Urlaub im Oktober vorgelegen, und mit diesem Antrag begründeten sie nun dreist ihren ablehnenden Bescheid. Sein Beruf hatte Mundt ermöglicht, was dem normalen DDR-Bürger verwehrt blieb: Er hatte viele Länder der Welt gesehen, darunter – es ließ sich nicht vermeiden – auch solche, in denen das kapitalistische Herrschaftssystem die Musik spielte. Nun, nach 25jähriger Ehe, wollte er auch seiner Herta eine Reise in weite, weite Fernen gönnen. Selbstverständlich durfte, konnte und sollte sie nur zu politischen Freunden führen. Welches Land kam in Betracht? Für einen Seemann nur Fidel Castros kommunistisches Kuba.

Bis dahin war es noch eine gute Weile. Die Gegenwart stellte sich für Mundt, seitdem er sich auf der verflixten Reise mit der „Peter Nell" befand und gegen jede Planung in Cuxhaven festsaß, in einem trüben Licht dar. Hilflos und verzweifelt mußte er auf der Überfahrt von Südamerika nach Europa zusehen, wie die Fangleitung ihre ursprünglichen Termine immer weiter durcheinanderwirbelte und damit die Ankunft des Fangverarbeitungsschiffes in Rostock rechtzeitig vor dem 22. Juli in Gefahr brachte. Sicherlich aus nachvollziehbaren ökonomischen Überlegungen, aber für Mundt mit der sich abzeichnenden fatalen Folge, daß er nicht an der eigenen Silberhochzeitsfeier teilnehmen konnte, es sei denn, die Genossen hätten ihrem Herzen einen Stoß gegeben, ihre ideologischen Bedenken beiseite geschoben und ihn mit der Eisenbahn fahren lassen. Dazu in Begleitung eines Mannes, der eigentlich als politisch besonders zuverlässig galt: Der in Cuxhaven für die Abfertigung des Fangverarbeitungsschiffes verantwortlich gewesene Fangleiter durfte selbstverständlich mit dem Zug nach Rostock zurückreisen.

Dabei hätte Hans-Heinrich Mundt etwas mehr Verständnis durchaus verdient gehabt. Er war es schließlich, der seinerseits der Fangleitung ein gutes Stück entgegengekommen war. Nach monatelanger Abwesenheit von der Familie hatte er die ihm zustehende Freizeit in den Monaten Mai und Juni in Rostock verbracht und wollte danach seinen regulären Urlaub antreten, aber die Oberen baten ihn, statt dessen nach Montevideo zu fliegen und auf die „Peter Nell" überzusteigen, weil kein Ersatz für den 2. TO zu finden war. Eine Mindestbesatzung aus 29 Seeleuten sollte das Schiff – die Laderäume rand gefüllt mit tiefgefrorenem Kalmar (Tintenfisch) – zurück nach Rostock in die Werft bringen. Der eigentliche Anlaß: Für die „Peter Nell" war die Klasse abgelaufen. Die Zusage fiel Mundt aus zwei Gründen nicht schwer. Zum einen hatte ihn die Fangleitung bei anderen Familienfeiern mit höchst wackeligen Terminen bis dato nicht enttäuscht, so bei der Jugendweihe der Tochter und des Sohnes. Zum anderen waren für die Überführung gerade einmal vierzig Tage angesetzt. Bei dieser Terminplanung, so hatte er sich ausgerechnet, konnte das große Fest am 22. Juli überhaupt nicht in Gefahr geraten. Voller Zuversicht bestieg er den Flieger nach Uruguay.

Noch immer kamen bei ihm keine Zweifel und Sorgen auf, als die „Peter Nell" in Montevideo die Order erhielt, zu einem Fangplatz vor Südamerika zu dampfen und von einem der beiden großen Mutterschiffe der DDR-Fischereiflotte – ob es die „Junge Garde" oder die „Junge Welt" war, daran erinnert er sich nicht mehr so genau – Seeleute abzuholen und nach Montevideo zu bringen, von wo aus sie heimfliegen sollten. Die vier Tage, die dabei draufgehen würden, ließen sich glatt verschmerzen. Also – kein Grund zur Panik.

Der nächste Bescheid, der schon eher nichts Gutes verheißen könnte, erreichte die Schiffsleitung mitten auf dem Atlantik. Das Fangverarbeitungsschiff sollte Las Palmas auf Gran Canaria anlaufen und dort weitere Order abwarten, weil noch nicht entschieden war, ob die Ladung in Frankreich, den Niederlanden oder in der BRD (gängige DDR-Bezeichnung für die Bundesrepublik) gelöscht werden sollte. Die Wartezeit verlängerte sich dann noch einmal um zwei Tage. Warum? Eine Austauschbesatzung sollte neues Kartenmaterial von Rostock mitbringen.

„Wir führten auf dieser Reise nur normale Seekarten mit, aber keine speziellen für einzelne Häfen."

Schlußendlich beorderte das Fischkombinat Rostock die „Peter Nell" zum

Löschen nach Cuxhaven. Am 18. Juli traf das Schiff auf der Elbe ein. Allmählich wurde die Situation äußerst brenzlig für Hans-Heinrich Mundt. Auch bei der Schiffsleitung hatte sich herumgesprochen, warum er so nervös war, wo ihn der Schuh drückte. Kapitän Olaf Möller, gutherzig wie immer, und die Schiffsleitung baten die Chefs in Rostock telegrafisch, den Technischen Offizier doch auf dem Landwege einreisen zu lassen. Die Schiffssicherheit sei durch dessen Abwesenheit auf keinen Fall gefährdet, ließen sie die Oberen wissen. Von der Warnow kam ein schroffes Nein.

Alle Hoffnung schwand, als die Chefs das Schiff, dessen Klasse in der Werft schon längst hätte erneuert werden sollen, noch einmal umdirigierten – nun gleich nach Lerwick auf den Shetland Inseln. Die „Peter Nell" hatte dort von anderen DDR-Trawlern, die im Nordmeer fischten, Fisch, Leergut und „sonstige Altteile zur Wiederverwendung" (Mundt) zu übernehmen. Als das geschehen war, konnte endlich Kurs Heimat gelegt werden.

Am 27. Juli 1985 erreichte das Fangverarbeitungsschiff Rostock. Für Hans-Heinrich Mundt fünf Tage zu spät. Die Begrüßung durch seine Frau fiel, wie schon bekannt, nicht so herzlich aus wie sonst.

BIOGRAPHISCHES

Hans-Heinrich Mundt, geboren am 9. Juli 1938 in Neu-Roggentin, Kreis Rostock, war Seemann aus Passion; seine Berufswahl hat er, obwohl er häufig lange von seiner Familie getrennt gewesen ist, bis heute nicht bereut. Er fuhr noch bis August 1991. In den letzten dreieinhalb Jahren bis zum 31.

Technischer Offizier Hans-Heinrich Mundt an Bord des Museumsschiffes „Stubnitz". (Foto Heidbrink)

Dezember 1998 wirkte er als Technischer Offizier auf dem Rostocker Museumsschiff „Stubnitz", mit dem er noch an zwei Reisen teilnahm. Die erste führte 1994 nach St. Petersburg, Malmö und Hamburg, die zweite 1998 zu den europäischen Kulturtagen nach Stockholm.

QUELLE
Hans-Heinrich Mundt, Rostock.

Der Arbeitskreis Geschichte der deutschen Hochseefischerei

Die große Zeit der deutschen Hochseefischerei ist vorbei. Doch noch gibt es Zeitzeugen, die einen großen Teil ihrer Geschichte miterlebt und mitgeprägt haben. Der Anfang 1997 am Deutschen Schiffahrtsmuseum gegründete Arbeitskreis Geschichte der deutschen Hochseefischerei hat sich zum Ziel gesetzt, der Erforschung der Fischereigeschichte durch eine intensive Arbeit mit den Zeitzeugen neue Impulse zu geben. So konnten zahlreiche Interviews geführt werden, die schon jetzt zur Grundlage für neuere Forschungsarbeiten zur Sozialgeschichte der Fischerei geworden sind. Ebenso konnten Archive von Reedereien, Institutionen und Privatpersonen für die Forschung gesichert werden. Die enge Zusammenarbeit von Mitarbeitern der Fischerei und Fischwirtschaft sowie der wissenschaftlichen Fischereigeschichte erlaubt einen Blick auf die persönlichen Bestandteile der Geschichte der deutschen Hochseefischerei, die sonst oft der Forschung verschlossen bleiben.
Regelmäßige Tagungen in Bremerhaven und Rostock bilden die Grundlage dieser Arbeit, die durch Vorträge, Ausstellungen und Publikationen auch einer breiteren Öffentlichkeit zugänglich gemacht wird.

Arbeitskreis Geschichte der deutschen Hochseefischerei
c/o Deutsches Schiffahrtsmuseum
Hans-Scharoun-Platz 1
27568 Bremerhaven

Der Autor Hans Petersen, Jahrgang 1927, erlernter Beruf: Redakteur, arbeitete ab 1947 für den Weser-Kurier in Bremen, ab 1950 für die Nordsee-Zeitung in Bremerhaven. Im Herbst 1973 wurde er mit der Geschäftsführung der Stadthalle Bremerhaven GmbH betraut. Dieses Amt übte er bis zum Eintritt in den Ruhestand am 31. Dezember 1989 aus. Seither leistet Petersen freiberuflich die Pressearbeit für das Deutsche Schiffahrtsmuseum. Veröffentlichungen: u. a. Textteil des Bildbandes „Sail '86".